AF239617

Julia Rachfahl

Erstausbildungsaufwendungen im deutschen Einkommensteuerrecht

Rachfahl, Julia: Erstausbildungsaufwendungen im deutschen Einkommensteuerrecht, Hamburg, Bachelor + Master Publishing 2016
Originaltitel der Abschlussarbeit: (Erst-) Ausbildungskosten als Werbungskosten

Buch-ISBN: 978-3-95993-039-0
PDF-eBook-ISBN: 978-3-95993-539-5
Druck/Herstellung: Bachelor + Master Publishing, Hamburg, 2016
Zugl. Technische Hochschule Nürnberg Georg Simon Ohm, Nürnberg, Deutschland, Bachelorarbeit, März 2016

Bibliografische Information der Deutschen Nationalbibliothek:
Die Deutsche Nationalbibliothek verzeichnet diese Publikation in der Deutschen Nationalbibliografie; detaillierte bibliografische Daten sind im Internet über http://dnb.d-nb.de abrufbar.

Das Werk einschließlich aller seiner Teile ist urheberrechtlich geschützt. Jede Verwertung außerhalb der Grenzen des Urheberrechtsgesetzes ist ohne Zustimmung des Verlages unzulässig und strafbar. Dies gilt insbesondere für Vervielfältigungen, Übersetzungen, Mikroverfilmungen und die Einspeicherung und Bearbeitung in elektronischen Systemen.

Die Wiedergabe von Gebrauchsnamen, Handelsnamen, Warenbezeichnungen usw. in diesem Werk berechtigt auch ohne besondere Kennzeichnung nicht zu der Annahme, dass solche Namen im Sinne der Warenzeichen- und Markenschutz-Gesetzgebung als frei zu betrachten wären und daher von jedermann benutzt werden dürften.

Die Informationen in diesem Werk wurden mit Sorgfalt erarbeitet. Dennoch können Fehler nicht vollständig ausgeschlossen werden und die Diplomica Verlag GmbH, die Autoren oder Übersetzer übernehmen keine juristische Verantwortung oder irgendeine Haftung für evtl. verbliebene fehlerhafte Angaben und deren Folgen.

Alle Rechte vorbehalten

© Bachelor + Master Publishing, Imprint der Diplomica Verlag GmbH
Hermannstal 119k, 22119 Hamburg
http://www.bachelor-master-publishing.de, Hamburg 2016
Printed in Germany

Einleitung

Die Bildungsausgaben in Deutschland sind zwischen den Jahren 2012 und 2013 um 5,2 Mrd. € auf 169,2 Mrd. € gestiegen, das sind 6,0 % des Bruttoinlandsprodukts. Davon entfielen 148,9 Mrd. € für die Ausbildung in Krippen, Kindergärten, Schulen, dualen Ausbildungen und Hochschulen. Auch die Aufwendungen für Forschung und Entwicklung an den Hochschulen werden diesem Betrag zugerechnet. Ausgaben der einzelnen Bürger für die Förderung von Bildung und für Bildungsgegenstände betrugen 20,3 Mrd. €.[1] Es stellt sich die Frage inwieweit der Staat sich an diesen Kosten in Form einer Abzugsmöglichkeit beteiligen sollte.[2] Aktuell dürfen Aufwendungen eines Erststudiums oder einer erstmaligen Berufsausbildung jeweils ohne ein Dienstverhältnis, nach Einstieg in den Beruf, nicht als Werbungskosten oder Betriebsausgaben abgezogen werden gemäß § 4 Abs. 9 und § 9 Abs. 6 EStG.[3] Dies führt zu einer finanziellen Belastung vieler Studenten, Auszubildenden und Eltern. Für viele Berufe werden heutzutage höhere Qualifikationsanforderungen gestellt, die das Interesse der Berufseinsteiger an einer steuerlichen Berücksichtigung von Ausbildungskosten verstärkt. Der Gesetzgeber möchte diese Tendenz zur Abzieh-barkeit von Erstausbildungskosten aus fiskalischen Gründen vermeiden.[4] Dieses Abzugsverbot hat in der Praxis viele Konflikte ausgelöst, welche auch durch die zahlreichen Urteile des Bundesfinanzhofs und des Finanzgerichtes erkennbar sind.[5] Seit ca. 90 Jahren wird dieses Thema zwischen Gesetzgeber, Finanzrechtsprechung und Finanzverwaltung einander zugespielt.[6]

Im Folgenden werden die Möglichkeiten und Grenzen einer steuerlichen Berück-sichtigung von Ausbildungskosten erläutert. Zudem erfolgt eine Prüfung der Ver-fassungsmäßigkeit des Abzugsverbots und eine Gegenüberstellung der Vor- und Nachteile bei einer Anerkennung der Erstausbildungskosten als Werbungskosten.

Die Bachelorarbeit wurde unter Berücksichtigung der Rechtslage 2015 verfasst.

---

[1] vgl. Destatis Bildungsausgaben online (2015).
[2] vgl. Kreft, (10/2014), in: Steuer + Studium, S.569.
[3] vgl. Kreft, (12/2014), in: Steuer + Studium, S.693.
[4] vgl. Holthaus, (2011), S.49.
[5] vgl. Herrler, (1/2014), in: Steuer + Studium, S.21.
[6] vgl. Kreft, (10/2014), in: Steuer + Studium, S. 602.

Inhaltsverzeichnis

Einleitung

1 Grundlagen

1.1 Werbungskosten, Betriebsausgaben, Sonderausgaben

Werbungskosten werden in § 9 Abs. 1 S. 1 EStG als „Aufwendungen zur Erwerbung, Sicherung und Erhaltung der Einnahmen" definiert. Bei der Ermittlung von Einkünften der Überschusseinkunftsarten (§§ 19-22 EStG) werden die Werbungskosten (§ 9 EStG) von den Einnahmen i. S. d. § 8 Abs. 1 EStG abgezogen. Es dürfen nur Einnahmen gemindert werden, durch die Kosten entstanden sind (Veranlassungsprinzip, Kausalzusammenhang, objektives Nettoprinzip). Werbungskostenpauschbeträge nach § 9a EStG dienen der Vereinfachung. Die Höhe der tatsächlich angefallenen Werbungskosten ist irrelevant. Versorgungsbezüge (z.B. Beamtenpension) können mit einem pauschalen Abzug von 102 € i. S. d. § 9a S. 1 Nr. 1 EStG berücksichtigt werden. Der Pauschbetrag von 1.000 € / Jahr wird von den Einnahmen aus § 19 EStG eines Steuerpflichtigen abgezogen. Für Einnahmen aus § 22 Nr. 1, 1a und 5 EStG gibt es einen Pauschbetrag von 102 €. Negative Einkünfte dürfen nach § 9 S. 2 EStG dadurch jedoch nicht entstehen. Tatsächliche, den Pauschbetrag von 1.000 € übersteigende Aufwendungen können als Werbungskosten angesetzt werden, wenn diese durch Belege dokumentiert sind. Ein Verlustvortrag bzw. -rücktrag nach § 10d EStG in andere Jahre ist bei Werbungskosten, die die Einnahmen übersteigen, möglich. Erstausbildungskosten bzw. Kosten eines Erststudiums ohne ein Dienstverhältnis sind nach § 9 Abs. 6 EStG nicht als Werbungskosten abziehbar. [7] [8]

Das Gegenstück zu den Werbungskosten sind die Betriebsausgaben. Betriebsausgaben fallen bei den Gewinneinkunftsarten (§§ 13, 15, 18 EStG) an und sind „Aufwendungen, die durch den Betrieb veranlasst sind"[9]. Beispielsweise die Zahlung von Löhnen oder der Einkauf von Waren.[10] [11] Auch hier ist ein Vortrag bzw. Rücktrag des Verlustes nach §10d EStG in zukünftige bzw. vergangene Jahre möglich. Sonderausgaben nach §§ 10, 10a - i EStG werden in § 10 Abs. 1 EStG als „Aufwendungen, wenn sie weder Betriebsausgaben noch Werbungskosten sind oder

---

[7] vgl. Haag, (8/2014), in: Steuer + Studium, S. 467ff.
[8] vgl. Haag, (9/2014), in: Steuer + Studium, S. 519 ff.
[9] § 4 Abs. 4 EStG.
[10] vgl. Haag, (8/2014), in: Steuer + Studium, S. 467f.
[11] vgl. Grobshäuser/Knies/Schmidt, (2015), S.4.

wie Betriebsausgaben oder Werbungskosten behandelt werden"[12] umschrieben. Sie ermöglichen unter bestimmten Voraussetzungen einen Abzug von Kosten, die grundsätzlich der privaten Lebensführung nach § 12 Nr. 1 EStG zugeordnet sind. Sonderausgaben und außergewöhnliche Belastungen (§§ 33, 33a, 33b) mindern nach § 2 Abs. 4 EStG den Gesamtbetrag der Einkünfte. Sie stehen mit keiner Einkunftsart in einem Zusammenhang, sondern dienen der Existenzsicherung des Steuerpflichtigen, weswegen sie von der Bemessungsgrundlage der Steuer abgezogen werden. Ein Steuerpflichtiger kann nur die Sonderausgaben abziehen, für die er selbst zur Zahlung verpflichtet ist und leistet. Sonderausgaben die jemand für eine andere Person bezahlt, können nicht geltend gemacht werden. Gemäß dem Abflussprinzip nach § 11 Abs. 2 EStG können Sonderausgaben nur im Jahr der Verausgabung angesetzt werden. Ein Verlustvor- oder -rücktrag nach § 10d EStG ist nicht möglich. Bei fehlenden positiven Einkünften führt diese Abzugsmöglichkeit ins Leere. Es gibt zwei Arten von Abzugsmöglichkeiten der Ausgaben als Sonderausgaben. Ein unbeschränkter Abzug liegt beispielsweise bei der Kirchensteuer gem. § 10 Abs. 1 Nr. 4 EStG vor. Zu den beschränkten Abzugsmöglichkeiten zählen unter anderem Versorgungsleistungen (gesetzliche Rentenversicherung, Krankenversicherung) nach § 10 Abs. 1 Nr. 2,3 EStG und Aufwendungen für die erste Berufsausbildung / Erststudium ohne ein Dienstverhältnis nach § 10 Abs. 1 Nr. 7 EStG. Der Abzug von Berufserstausbildungskosten ist auf 6.000 € pro Jahr begrenzt. Nach § 50 Abs. 1 S.3 EStG sind Personen mit beschränkter Steuerpflicht vom Sonderausgabenabzug ausgeschlossen.[13][14][15][16]

1.2 Art. 3 Abs. 1 GG und Leistungsfähigkeitsprinzip

Gemäß Art. 3 Abs. 1 GG gilt für alle Menschen der allgemeine Grundsatz der Gleichheit. Gleiches muss somit auch durch Finanzgerichte und Finanzbehörden in Bezug auf die Steuergesetze gleich behandelt werden und Ungleiches ist ungleich zu behandeln. Der Gesetzgeber ist diesem Grundsatz ebenfalls zur Einhaltung verpflichtet gemäß Art. 1 Abs. 3 GG und Art. 20 Abs. 3 GG. Wird eine Gruppe von Menschen gegenüber einer anderen, die fundamental identisch sind, anders

---

[12] § 10 Abs. 1 EStG.
[13] vgl. Haag, (1/2015), in: Steuer + Studium, S. 24ff.
[14] vgl. Grobshäuser/Knies/Schmidt, (2015), S.24f.
[15] vgl. Hemmer/Wüst/Hölzle, (2014) S.269ff.
[16] vgl. Birk/Desens/Tappe, (2015), S.198, 318.

behandelt, liegt eine Verletzung von Art. 3 GG vor.[17] [18] Aus diesem Grund muss die Besteuerung nach der wirtschaftlichen Leistungsfähigkeit der Personen erfolgen. Gleiche Leistungsfähigkeiten müssen gleich hoch besteuert werden (horizontale Steuergerechtigkeit), sowie unterschiedliche Leistungsfähigkeiten von Personen unterschiedliche besteuert werden müssen, aber dennoch in Anbetracht der Besteuerung niedrigerer Einkommen der richtigen Verhältnismäßigkeit obliegen (vertikale Steuergerechtigkeit). Die Entscheidungen bezüglich verschiedener Besteuerungssachverhalte der Höhe und dem Grunde nach, müssen entsprechend dem Gebot der Folgerichtigkeit für alle Sachverhalte gleich angewendet werden. Ausnahmen hiervon sind nur in einzelnen Fällen möglich. Beispielsweise bei Anforderungen an eine Vereinfachung oder bei Typisierungserfordernissen. Die alleinige Begründung einer Erhöhung der Steuereinnahmen ist nicht möglich.[19] [20] Das Leistungsfähigkeitsprinzip verlangt die Besteuerung bzw. die Verteilung steuerlicher Lasten nach der persönlichen Zahlungsfähigkeit, den Einkommens-verhältnissen und der Vermögenslage. Die Ermittlung der individuellen Leistungsfähigkeit erfolgt durch die Unterteilung in das objektive und subjektive Nettoprinzip. Das objektive Nettoprinzip beinhaltet die Abziehbarkeit von Aufwendungen, die in Zusammenhang mit den Einnahmen entstehen und somit die Bemessungsgrundlage erwerbsbedingt reduzieren gem. § 2 Abs. 3 EStG. Diese Aufwendungen sind demnach Werbungskosten nach § 9 Abs. 1 EStG oder Betriebsausgaben gem. § 4 Abs. 4 EStG. Wenn keine Einnahmen erzielt wurden können diese zuvor entstandener Aufwendungen durch eine Verlustvortrag bzw. Verlustrücktrag nach §10d EStG berücksichtigt werden. Private Aufwendungen können gem. § 12 Nr. 1 EStG und auf Grund der fehlenden Eigenschaft des Erwerbsbezuges grundsätzlich nicht berücksichtigt werden. Durchbrechungen des objektiven Nettoprinzips entstehen durch Abzugs- und Verlustausgleichsverbote der Werbungskosten und Betriebsausgaben. Beispielsweise kann eine private Mit-veranlassung der Grund für ein Abzugsverbot sein oder nicht steuerbare Einkünfte (z.B. Liebhaberei) zu einem Verlustausgleichsverbot führen.[21] [22] Das subjektive Nettoprinzip fordert die Minderung der Einkünfte durch notwendige private Aufwendungen, die für den Steuerpflichtigen existenzsichernd sind, soweit diese in

---

[17] vgl. BVerfG v. 28.02.2008, Rn. 23, 1 BvR 2137/06.
[18] vgl. Holthaus, (2011), S.117.
[19] vgl. Holthaus, (2011), S.110f., 123, 136.
[20] vgl. Kreft, (10/2014), in: Steuer + Studium, S. 605f.
[21] vgl. Birk/Desens/Tappe, (2015), Rz. 619ff, 628, 193, 33.
[22] vgl. Kreft, (10/2014), in: Steuer + Studium, S. 600.

Form von Sonderausgaben (§§10-10c EStG) und außergewöhnlichen Belastungen (§33-33b EStG) nach § 2 Abs. 4 EStG vorliegen. Diese Aufwendungen müssen für eine Person unvermeidbar sein und sind somit grundsätzlich für die Bezahlung der Einkommensteuer nicht vorhanden. Die Abzugsfähigkeit dieser grundsätzlichen privaten Aufwendungen ist meist mit einem Höchstbetrag oder einer prozentualen Vorgabe begrenzt und beschränkt sich auf das Jahr der Entstehung dieser Aufwendungen gem. § 11 Abs. 2 EStG. Gemischte Aufwendungen, die einen beruflichen und privaten Charakter haben, sind aufzuteilen, sofern dies objektiv möglich ist. Der berufliche Teil ist steuerliche abziehbar. Kann eine Aufteilung nicht vorgenommen werden, unterliegt der Gesamtbetrag dem Abzugsverbot.[23] [24]Die folgende Abbildung verdeutlicht die Unterteilung des Leistungsfähigkeitsprinzips.

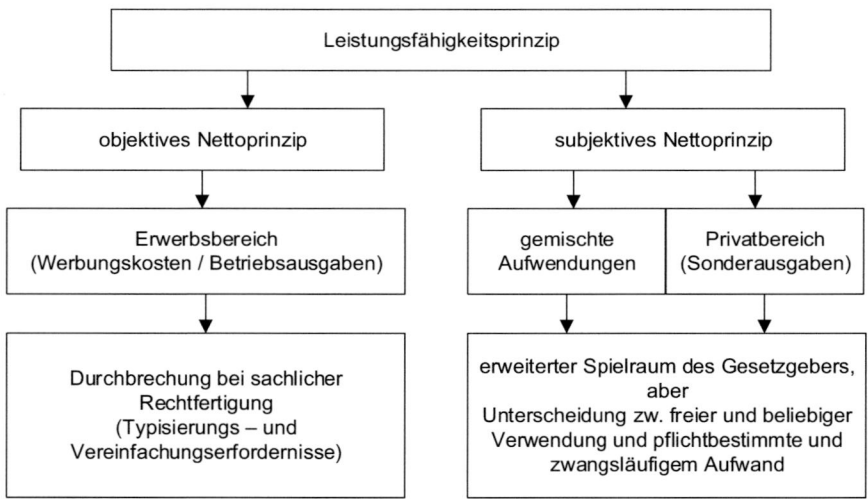

Abb. 1 Leistungsfähigkeitsprinzip

---

[23] vgl. Birk/Desens/Tappe, (2015), Rz. 628f, 967.
[24] vgl. Kreft, (10/2014), in: Steuer + Studium, S. 600.

2 Ausbildung

2.1 Bildungsmaßnahmen

Die Bezeichnung „Erstausbildung" (Berufsausbildung oder Studium) wird in § 9 Abs. 6 S. 2 ff. EStG definiert und gilt nach § 52 Abs. 1 EStG ab dem Veranlagungs-zeitraum 2015. Demnach muss eine geordnete Ausbildung vorliegen, die vom Staat angesehen oder gelenkt wird. Dies kann auch durch Normen von Wirtschafts- und Berufsverbänden erfolgen. Zudem muss die Erstausbildung einen Überblick über verschiedene berufliche Kenntnisse und Fähigkeiten geben. Die Mindestdauer beträgt zwölf Monate, die in Vollzeit, das entspricht ca. 20 Wochenstunden, absolviert werden müssen. Merkmale einer Berufsausbildung sind ein Lehr-programm, ein geregeltes Ausbildungsziel sowie ein festgelegter Ausbildungsbeginn und -ende. Die Ausbildung muss mit einer erfolgreich absolvierten Abschlussprüfung oder ohne vorgesehene Prüfung in vorgegebener Zeit abgeschlossen werden. Nur so kann die Berufsausbildung als Erstausbildung steuerlich anerkannt werden. Bei Abbruch innerhalb der planmäßigen Ausbildung kann diese nicht als erstmalige Berufsausbildung anerkannt werden. Keine Berufsausbildungen sind Fahrerlaubnis-kurse, Praktika, die Grundausbildung bei der Bundeswehr, Berufsvorbereitungs-lehrgänge, Einarbeitungsarbeiten und diverse separate Seminare, auch wenn sie gegenseitig aufeinander abgestimmt sind.[25] [26] Gemäß der Rechtsprechung des BFH zählt die Flugbegleiterausbildung, sowie die Ausbildung zum Rettungssanitäter als Erstausbildung, sofern sie die Voraussetzungen einer Erstausbildung erfüllen [27] [28] Die Vorschrift in § 9 Abs. 6 EStG gilt zudem für den Betriebsbereich nach § 4 Abs. 9 EStG.[29] Ein Erststudium kann auch ein Abschluss an einer Berufsakademie oder einer anderen Ausbildungseinrichtung sein, wenn es sich nicht um eine Fachhoch-schule i. S. d. § 1 HRG handelt, aber nach Landesrecht diese Ausbildungsgänge einem Studium an einer Fachhochschule gleichgestellt sind.[30]

Eine Erstausbildung, die klassisch nach einer Schulausbildung getätigt wird, liegt auch dann vor, wenn ein Erststudium oder eine Erstausbildung abgebrochen wird, um ein neues Studium / eine neue Ausbildung zu beginnen.[31]

---

[25] vgl. Kreft, (2/2015), in: Steuer + Studium, S.67.
[26] vgl. Loschelder, in Schmidt, EStG (2015), § 9 Rz. 280ff.
[27] vgl. BFH v. 28.02.2013 - VI R 6/12, BStBl. II 2015, S. 180.
[28] vgl. BFH v. 27.10.2011 - VI R 52/10, BStBl. II 2012, S. 825.
[29] vgl. Kreft, (2/2015), in: Steuer + Studium, S. 76f.
[30] vgl. BMF v. 22.09.2010, BStBl. I 2010, S. 721, Tz. 25.
[31] vgl. Kreft, (10/2014), in: Steuer + Studium, S.571, 602.

Allgemeine Schulabschlüsse, mittlere Reife, Fachabitur und Abitur gehören zur Allgemeinbildung und sind nach Meinung des BFH keine Erfordernisse für eine spätere berufliche Tätigkeit. Die Kosten werden der privaten Lebensführung zugeordnet und sind nicht abziehbar.[32] [33]

Der Oberbegriff Weiterbildung lässt sich in allgemeinbildende und berufliche Weiterbildung teilen. Die allgemeinbildenden Weiterbildungen sind dem Privatbereich zuzuordnen und können steuerlich nicht abgesetzt werden. Berufliche Weiterbildungen vermitteln Kenntnisse und Fertigkeiten neuer Arbeitsbereiche und unbekannter Tätigkeiten. Es kann als Einarbeitung und als Qualifizierung dienen. Oft werden diese Weiterbildungen mit einem Abschluss oder einem Zertifikat absolviert. Davon zu unterscheiden ist die Fortbildung. Diese beschränkt sich auf die Vermittlung von Wissen, dass zur Anpassung, Erhaltung, Erweiterung und für den Aufstieg in einem derzeit ausgeübten und bereits erlernten Beruf notwendig ist. Es kommt dabei nicht auf ein Dienstverhältnis an. Umschulungen liegen vor, wenn sie einen Berufswechsel vorbereiten. Beruflich veranlasste Weiterbildungen, Fortbildungen und Umschulungen sind als Werbungskosten oder Betriebsausgaben abziehbar.[34] [35] [36] [37] [38]

Ein Zweitstudium / Zweitausbildung liegt vor, wenn nach Abschluss eines Diplom- oder Bachelorstudiums ein weiteres aufgenommen wird (z.B. Masterstudium oder Bachelorstudium mit anderer Fachrichtung) oder ein Erststudium nach einer Erstausbildung absolviert wird. Wird ein Erststudium / eine Erstausbildung im Rahmen eines Dienstverhältnisses absolviert, zum Beispiel als duales Studium oder als klassisches Ausbildung in einem Unternehmen, dann wird diese steuerlich wie eine Zweitausbildung / ein Zweitstudium behandelt. Diese Unterscheidung ist für die Abzugsfähigkeit der Bildungsaufwendungen wichtig. Bei einer Zweitausbildung muss kein inhaltlicher Zusammenhang zum vorangegangenen Studium / Ausbildung bestehen. Hier wird ein Erwerbsbezug vom Gesetzgeber angenommen.[39] [40] Auch die

---

[32] vgl. Herrler, (1/2014), in: Steuer + Studium, S. 22.
[33] vgl. BFH v. 15.03.2007 – VI R 14/4, BStBl. II 2007, S.814; v. 27.10.2011 – VI R 52/10, BStBl. II 2012, S. 825.
[34] EStH 2014 H 10.9.
[35] R 9.2 LStR 2015.
[36] vgl. Herrler (1/2014), in: Steuer + Studium, S. 22.
[37] vgl. Heinicke, in Schmidt, EStG (2015), § 10 Rz. 102 ff.
[38] vgl. BFH v. 04.12.2002 - VI R 120/01; BStBl. II 2003, S. 403.
[39] vgl. Kreft, (10/2014), in: Steuer + Studium, S. 571, 604.
[40] vgl. BMF v. 22.09.2010, BStBl. I 2010, S. 721, Tz. 24.

Promotion setzt ein abgeschlossenes Studium voraus und zählt somit nicht als Erststudium. [41] [42] [43] In der nachfolgenden Abbildung wird die Unterscheidung in Erstausbildung / Erststudium und Zweitausbildung / Zweitstudium deutlich. Die Studenten A und B haben jeweils erfolgreich an einer Fachhochschule ein Bachelor-Betriebswirtschaftstudium abgeschlossen. A beginnt anschließend ein Master-studium im Bereich der Betriebswirtschaft und kann seine Kosten während des Masterstudiums, das Zweitstudium, als Werbungskosten bzw. Betriebsausgaben als Verlustvortrag feststellen lassen und zu Beginn seines Arbeitslebens geltend machen. Student B studiert erneut im Bachelorstudium Kunstgeschichte und wechselt somit die Fachrichtung. Auch bei ihm handelt es sich um ein Zweitstudium. Somit kann er die Bildungsaufwendungen auch als Werbungskosten bzw. Betriebs-ausgaben feststellen lassen. Student C hat das Bachelorstudium BWL abgebrochen und wechselt, wie auch B, die Fachrichtung. Ihm steht lediglich ein Sonderausgaben-abzug zu, da er noch keine abgeschlossene Ausbildung bzw. Studium hat. [44]

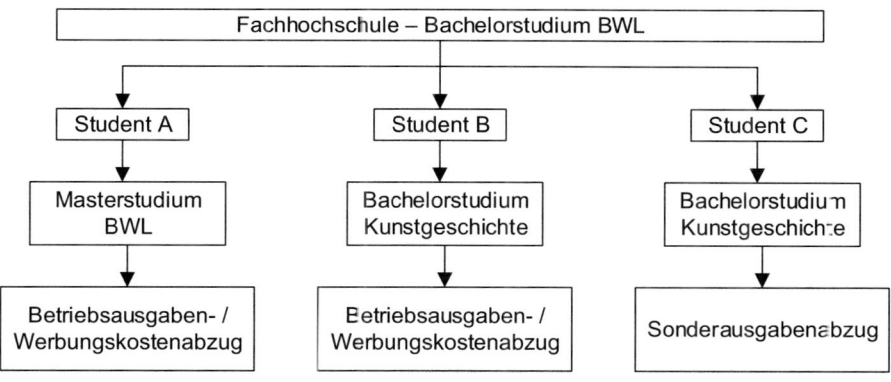

Abb. 2: Unterscheidung Erst- und Zweitausbildung (Abzugsfähigkeit)

---

[41] vgl. Herrler, (1/2014), in: Steuer + Studium, S. 23f.
[42] vgl. BMF v. 22.09.2010, BStBl. I 2010 Seite 721 Tz. 24
[43] vgl. BFH v. 04.11.2003 - VI R 96/01, BStBl II 2004, S. 891.
[44] vgl. Kreft, (10/2014), in: Steuer + Studium, S.604.

2.2 Sphärenzuordnung und Abzugsfähigkeit Bildungsaufwendungen

Das deutsche Ertragsteuerrecht unterscheidet bei der Abzugsfähigkeit von Aufwendungen zwischen der Privatsphäre und der Erwerbssphäre. Eine Sphärenzuordnung in Bezug auf Bildungsaufwendungen einer ersten Ausbildung ohne ein Dienstverhältnis erweist sich als problematisch, da in der Regel zum Zeitpunkt der Ausgabe noch keine Einnahmen vorliegen und die spätere Tätigkeit noch unsicher ist.[45]

Im Erwerbsbereich, der durch das objektive Nettoprinzip unter dem Schutz der Verfassung steht, werden diese Aufwendungen in unbegrenzter Höhe berücksichtigt und können vorab als Werbungskosten bzw. Betriebsausgaben abgezogen werden, auch wenn noch keine Einnahmen vorhanden sind. Im Falle eines Verlustes kann nach § 10d EStG ein Verlustrücktrag in das Jahr zuvor und ein Vortrag des Verlustes in zukünftige Jahre getätigt werden. Verlustverrechnungsbeschränkungen (§§ 2a, 15 Abs. 4, 15a, 15b, 17 Abs. 2 S. 6, 20 Abs. 6 S.2 und 3, 23 Abs. 3 EStG) treten im Allgemeinen bei Bildungsaufwendungen nicht auf.[46] [47]

Aufwendungen die der Privatsphäre zugeordnet sind, können prinzipiell nicht abgezogen werden, da die Erwerbseinnahmen nicht durch Aufwendungen reduziert werden dürfen, wenn diese nicht durch eine Erwerbstätigkeit hervorgerufen werden. Außerdem sind Kosten der Lebensführung gemäß § 12 Nr. 1 EStG Privataufwendungen und somit nicht abzugsfähig. Um dem subjektiven Nettoprinzip gerecht zu werden, besteht bei ausgewählten Tatbeständen die Möglichkeit Sonderausgaben nach §§ 10, 10a - i EStG und außergewöhnliche Belastungen gemäß §§ 33, 33a, 33b EStG abzuziehen. Diese werden dem privaten Bereich zugeordnet und stellen eine Durchbrechung der Nichtabzugsfähigkeit von Privatausgaben dar. Diese steuermindernden Aufwendungen können nach § 11 Abs. 2 EStG jedoch nur im Jahr der Verausgabung angesetzt werden. Bei fehlenden positiven Einkünften ist kein Abzug möglich, da ein Verlustvor- bzw. -rücktrag nicht besteht.[48]

---

[45] vgl. Kreft, (10/2014), in: Steuer + Studium, S. 599.
[46] vgl. Kreft, (10/2014), in: Steuer + Studium, S. 599ff.
[47] vgl. Holthaus, (2011), S. 52ff.
[48] vgl. Kreft, (10/2014), in: Steuer + Studium, S. 600.

Wenn die Eltern die Bildungskosten des Kindes / der Kinder übernehmen fällt dies meistens unter die Privatsphäre und wird nur pauschal in Form eines Familienleistungsausgleichs nach § 31 EStG abgegolten. Hierzu gehören wahlweise bis zum Kindesalter von 25 Jahren das monatliche Kindergeld (für die ersten zwei Kinder 184 € / Kind, für das dritte Kind 190 €, für das vierte und weitere Kinder 215 €)[49] nach §§ 62 ff. EStG oder die Freibeträge für Kinder (2184 € / Kind) sowie für Betreuung, Erziehung und Ausbildung (1320 € / Kind) gemäß § 32 Abs. 6 EStG. Kosten für eine auswärtige Unterbringung des Kindes werden mit einem Freibetrag (924 € / Jahr und Kind) nach § 33a Abs. 2 EStG berücksichtigt. Für Alleinerziehende Eltern gibt es zudem zusätzlich einen Entlastungsbetrag nach § 24b EStG in Höhe von 1.308 € Diese pauschalen Steuerentlastungen summieren sich auf ca. 8.000 €/Jahr pro Kind und Elternpaar. Die Bezüge und die Höhe der Einkünfte des Kinds bei der Erstausbildung sind für diese Zuwendungen irrelevant.[50] [51] [52]Für die Ausbildung der Kinder tatsächlich angefallene private Ausgaben können nur als Sonderausgaben nach § 10 EStG oder außergewöhnliche Belastung gem. § 33 Abs. 1 EStG abgezogen werden, wenn es sich nach § 10 Abs. 1 Nr. 9 EStG um Schulgeld für eine Privatschule, die in einem Mitgliedstaat der EU oder des EWR belegen ist, handelt (30%, höchstens 5.000 €) oder Schulkosten für hochbegabte Kinder [53] und für Kinder mit einer Lese- und Rechtschreibschwäche anfallen. Kinderbetreuungskosten nach § 10 Abs. 1 Nr. 5 EStG (2/3 der Aufwendungen, max. 4.000 € / Kind und Jahr ansetzbar) eignen sich in der Regel nicht als Begründung für einen Aufwendungsabzug, da nach § 10 Abs. 1 Nr. 5 S. 2 EStG der Abzug von speziellen Fähigkeitsvermittlungen (z.B. Computerkurs, Nachhilfeunterricht), Unterrichtsaufwendungen (z.B. Schulgeld) und Freizeitaktivitäten (z.B. Fußballverein) nicht möglich ist. Diese Betreuungskosten sind unter anderem für den Unterricht in Kindergärten oder für die Aufsicht des Kindes / der Kinder bei Hausaufgaben und unterliegen bestimmten Voraussetzungen. Beispielsweise, dass das Kind das 14. Lebensjahr nicht überschritten haben darf (25. Lebensjahr bei Kind mit Behinderung), zum Haushalt des zahlenden Steuerpflichtigen zuzuordnen ist, es kein Stiefkind oder Enkelkind ist, sondern berücksichtigungsfähig nach § 32 Abs. 1 EStG, es Aufwendungen und einen Nachweis für eine Betreuung gibt und die Zahlung auf das

---

[49] § 66 Abs. 1 S.1 EStG.
[50] vgl. Hemmer/Wüst/Hölzle, (2014), S. 290, 298.
[51] vgl. Kreft, (10/2014), in: Steuer + Studium. S. 571.
[52] vgl. Kreft, (10/2014), in: Steuer + Studium, S. 599ff.
[53] vgl. BFH v.12.05.2011 - VI R 37/10, BStB. II 2013, S. 783.

Konto des Steuerpflichtigen erfolgt.[54][55][56][57] Haben Eltern keinen Anspruch mehr auf Kinderfreibeträge oder Kindergeld, weil das Kind zum Beispiel über 25 Jahre alt ist, können sie die tatsächlichen Aufwendungen der Ausbildung auf Antrag nach § 33a Abs. 1 EStG als außergewöhnliche Belastung geltend machen. Der Höchstbetrag liegt bei 8.354 € pro Jahr.[58][59] Die Ausbildungskosten des Kindes / der Kinder fallen nur in Ausnahmefällen bei einem elterlichen Betrieb unter die Erwerbssphäre. Grundsätzlich sind die Berufsausbildungsaufwendungen nach §12 Nr. 1 EStG Lebenshaltungskosten, die nicht geltend gemacht werden können.[60] Sind die Kosten vollständig oder überwiegend aus betrieblichem Interesse veranlasst sowie nachweisbar, vertraglich geregelt, entsprechen der Fremdenüblichkeit und würden diese Kosten auch für fremde Dritte übernommen werden, können sie als Betriebsausgaben i. S. d. § 4 Abs. 4 EStG abgezogen werden.[61][62][63]

Tragen die Auszubildenden oder die Studierenden die Aufwendungen im Rahmen einer Erstausbildung oder eines Erststudiums ohne ein Dienstverhältnis, sind diese der Privatsphäre zuzuordnen. Hier kann kein Werbungskostenabzug oder Betriebsausgabenabzug nach §§ 4 Abs. 9, 9 Abs. 6 EStG erfolgen. Ein Sonderausgabenabzug nach § 10 Abs. 1 Nr. 7 EStG ist bis zu 6.000 € pro Jahr möglich. Die Einordnung zu der Erwerbssphäre erfolgt bei einer Zweitausbildung / Zweitstudium oder bei einem Erststudium /Erstausbildung im Rahmen eines Dienstverhältnisses. Die Kosten sind demnach grundsätzlich unbeschränkt als Werbungskosten oder Betriebsausgaben abzugsfähig. Ein Verlustvor- und -rücktrag nach § 10d EStG ist möglich. Bei einem Vollzeitstudium ist die Bildungsinstitution ab VZ 2014 die erste Tätigkeitsstätte gem. § 9 Abs. 4 S. 8 EStG. Diese Angabe dient unter anderem für die Fahrtkostenberechnung. Zudem muss das Reisekostenrecht ab VZ 2014 für Verpflegungsmehraufwendungen, Fahrtkosten und Unterbringungskosten berücksichtigt werden.[64][65]

---

[54] vgl. Haag, (1/2015), in: Steuer + Studium, S. 28 ff.
[55] vgl. Kreft, (10/2014), in: Steuer + Studium, S .601.
[56] vgl. BFH v. 19.04.2012 - III R 29/11, BStBl. II 2012, S. 862.
[57] vgl. BMF v. 14.03.2012; BStBl. I 2012, S.307.
[58] vgl. Hemmer/Wüst/Hölzle, (2014), S.290.
[59] vgl. Kreft, (10/2014), in: Steuer + Studium, S. 601.
[60] vgl. BFH v. 06.11.2012 - VIII R 49/10, BStBl. II 2013, S.309.
[61] vgl. Kreft, (10/2014), in: Steuer + Studium, S. 600f.
[62] vgl. BFH v. 14.12.1990 - III R 92/88, BStBl. II 1991, S.305.
[63] vgl. Kreft, (10/2014), in: Steuer + Studium, S. 571.
[64] vgl. Kreft, (10/2014), in: Steuer + Studium, S. 571.
[65] vgl. Grobshäuser/Knies/Schmidt, (2015), S.33ff.

Die nachstehenden Abbildungen verdeutlichen überblickartig die generelle Zuordnung eines Studiums zu den Abzugsmöglichkeiten und insbesondere die Bedeutung eines Dienstverhältnisses. Auch die Möglichkeiten eines Abzugs in Abhängigkeit der Zuordnung von Bildungsaufwendungen zu einer Sphäre werden durch die Abbildung 5 verdeutlicht.

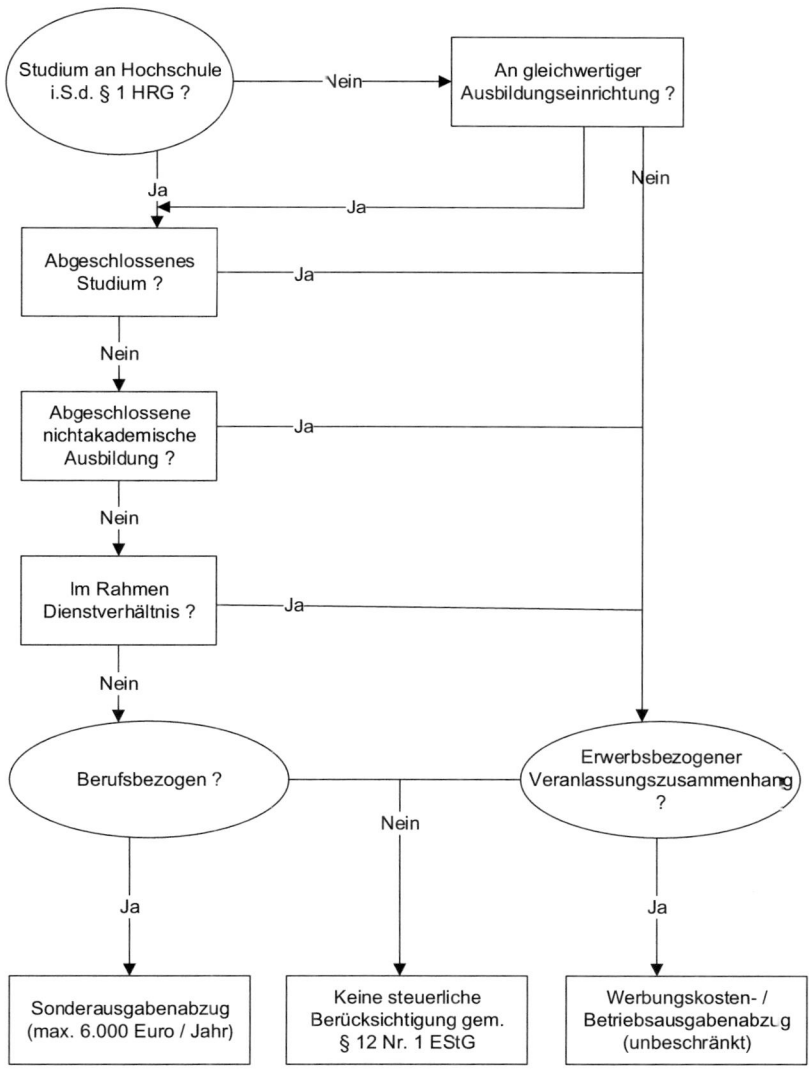

Abb. 3: Abzugsmöglichkeiten in Bezug auf die Ausbildung

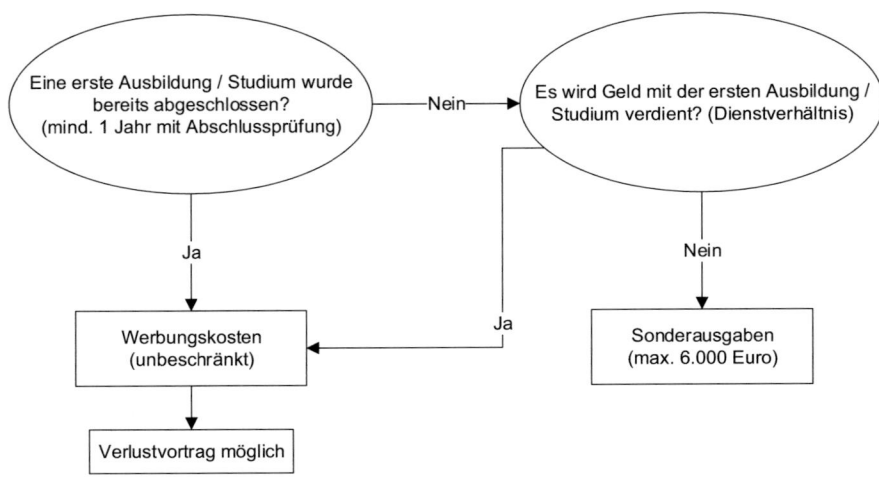

Abb. 4: Auswirkung Ausbildung/Studium mit/ohne Dienstverhältnis

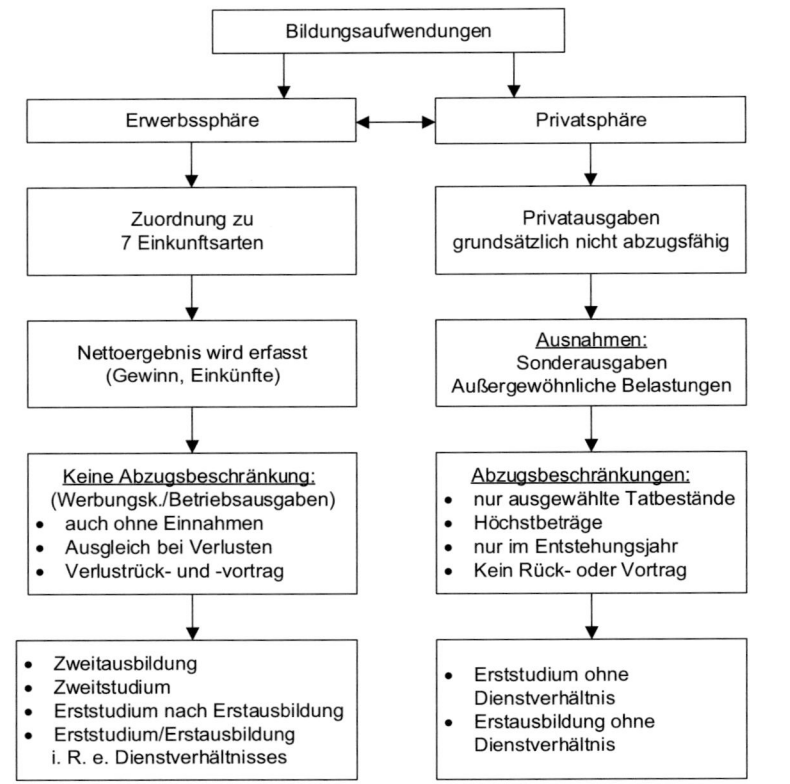

Abb. 5: Sphärenzuordnung der Bildungsaufwendungen

2.3 Kostenarten der Berufsausbildung

Berufsausbildungskosten sind alle Kosten die durch Bildungsmaßnahmen entstehen. Zu beachten ist jeweils die mögliche Abziehbarkeit auf Grund der Unterscheidung in Sonderausgaben, Werbungskosten und Betriebsausgaben.

Abziehbar sind Aufwendungen für Arbeitsmittel (Computer, Druckerpatronen, Stifte, Papier, Fachliteratur) und für das häusliche Arbeitszimmer [66] (Schreibtisch, Bücherregal) i. S. d. § 9 Abs. 1 Nr. 6 EStG. Die Anschaffungskosten können sofort im Verausgabungsjahr angesetzt werden, wenn die einzelnen Wirtschaftsgüter jeweils den Betrag von 410 € netto nicht übersteigen (geringwertige Wirtschaftsgüter) gem. § 6 Abs. 2 EStG. Sind die Anschaffungskosten höher, müssen die Gegenstände nach einer vorgegebenen AfA-Tabelle abgeschrieben werden, § 9 Abs. 1 S.3 Nr. 7 EStG. Beispielsweise liegt die Nutzungsdauer für Computer bei 3 Jahren. Büromöbel werden über 13 Jahre abgeschrieben. Drucker, Monitore und Scanner (Peripherie-geräte) sind nicht selbständig nutzbare Wirtschaftsgüter. Es handelt sich bei diesen Dingen um Erhaltungsaufwand, der sofort abzugsfähig ist. [67] Eine Aufteilung der Anschaffungskosten bei gemischt (privat und beruflich / studentisch) genutzten Wirtschaftsgütern in abziehbare und nichtabziehbare Aufwendungen ist vorzu-nehmen, wenn eine objektive Trennung möglich ist und die berufliche Nutzung überwiegt. [68] [69] Ein Arbeitszimmer ist nur dann abzugsfähig, wenn dort der erwerbsbedingte Mittelpunkt ist. Bei Studenten müsste dort die für das Studium wichtigen Hauptleistungen ausgeführt werden. In diesem Fall wird jedoch die Hochschule als Mittelpunkt angesehen. Hat ein Student / Auszubildender in seiner Wohnung ein eigenes und abgeschlossenes Zimmer als Arbeitsraum und nutzt diese weniger als 10% zu privaten Zwecken, kann er die anteiligen Wohnungskosten nicht unbeschränkt abziehen. Es besteht lediglich ein Abzug in Höhe von max. 1.250 € gem. § 4 Abs. 5 Nr. 6b EStG. Die Voraussetzung eines nicht zur Verfügung stehenden anderen Arbeitsplatzes in § 4 Abs. 5 Nr. 6b S.2 EStG ist bei Studenten zu vernachlässigen. Hat ein Student / Auszubildender kein abgeschlossenes Arbeits-zimmer, sondern beispielsweise einen Schreibtisch im Wohnzimmer, wird dies von der Finanzverwaltung nicht akzeptiert. Es wird ein abgeschlossener Raum verlangt.

---

[66] vgl. BMF v. 02.03.2011, Rz. 24, BStBl. I 2011, S. 195.
[67] vgl. Loschelder, in Schmidt, EStG (2014), § 9 Rz 175; Loschelder, in Schmidt, EStG (2015), § 9 Rz. 245.
[68] LStR H 9.12 Arbeitsmittel.
[69] vgl. Herrler, (1/2014), in: Steuer + Studium, S .27f.

Aus diesem Grund gibt es immer wieder Urteile zur Aufteilung der Kosten eines Arbeitsbereiches.[70] Gleiches gilt für ein Arbeitszimmer oder -bereich in einem elterlichen Haus.[71] Weiterhin sind Kosten für Studienwerksbeiträge[72], Lehrgangs- und Schulgebühren zu berücksichtigen.[73] Semestergebühren dürfen in voller Höhe abgezogen werden, da sie einen ausbildungsbedingten Mehrbedarf darstellen. Ein privater, vorteilhafter Nutzen (z.B. Semesterticket) ist dabei irrelevant. Das Semesterticket mindert den Ansatz von Fahrtkosten nicht. Die Bezahlung der Semestergebühr ist der Auslöser des Studentenstatus.[74] Zinsen für Ausbildungs- und Studiendarlehen können auch unbeschränkt abgezogen werden. Steuerlich unbeachtet bleiben die Tilgungen des Kredites.[75] Erhaltene steuerfreie Bezüge zur Unterstützung während einer Ausbildung / eines Studiums (z.B. BAföG-Zuschuss oder Stipendium) reduzieren die abziehbaren Aufwendungen, wenn es sich um Zuschüsse handelt, die nicht zurückgezahlt werden müssen. Bezüge zur Finanzierung des Lebensunterhalts verringern die abziehbaren Aufwendungen nicht und sind in der Steuererklärung nicht aufzuführen. Ausnahme hiervon ist der Mehrbedarf für eine auswärtige Unterbringung.[76] [77] [78]

Studenten können Fahrtkosten mit 0,30 € pro Entfernungskilometer und pro Tag zwischen Ausbildungsort und Wohnung berechnen, gemäß § 10 Abs. 1 Nr. 7 S.4 EStG. Hierbei ist der Begriff "erste Tätigkeitsstätte" nach § 9 Abs. 4 EStG zu beachten. Demnach ist die erste Tätigkeitsstätte der Betrieb des Arbeitgebers, ein verbundenes Unternehmen oder ein Dritter, der vom Arbeitgeber bestimmt ist. Der Arbeitnehmer muss dieser Einrichtung dauerhaft, für mind. 48 Monate oder für die Zeit des Arbeitsverhältnisses angehören. Nach § 9 Abs. 4 S.8 EStG ist eine Bildungseinrichtung bei einem Vollzeitstudium die erste Tätigkeitsstätte. Ein Vollzeitstudium ist dann gegeben, wenn ein Student, der beruflich ausgebildet wird, neben dem Studium nicht erwerbstätig ist oder eine geringfügige Beschäftigung vorliegt oder die Tätigkeit auf max. 20 Wochenstunden begrenzt ist.[79] Auszubildende mit

---

[70] vgl. FG Köln v. 19.05.2011 - 10 K 4126/09; v.15.05.2013 - 4 K 1384/10; Niedersächsisches FG v. 24.04.2012 - 8 K 254/11.
[71] vgl. Herrler, (1/2014), in: Steuer + Studium, S. 28f.
[72] § 9 Abs. 1 S.3 Nr. 3 EStG.
[73] vgl. BMF v. 22.09.2010, BStBl. I 2010, S. 721.
[74] vgl. BFH v. 22.09.2011 - III R 38/08, BStBl. II 2012, S. 338.
[75] EStH 2014 / H 10.9.
[76] EStR 2012 / R 10.9.
[77] vgl. Vvp Finanzierung Studienkosten online (2012).
[78] vgl. Herrler, (1/2014), in: Steuer + Studium, S. 28f.
[79] vgl. BMF v. 30.09.2013, Rz. 33, BStBl. I 2013, S. 1279.

einem Dienstverhältnis oder duale Studenten haben zwei Tätigkeitsstätten. Hier kommt es darauf an, welche Tätigkeitsstätte der Arbeitgeber als erste festlegt. Erfolgt das nicht durch den Arbeitgeber, wird der Ort erste Tätigkeitsstätte, wo mindestens 1/3 der vereinbarten Arbeitszeit verbracht wird bzw. an dem Ort, wo mind. zwei volle Tage gearbeitet wird. Sind beide Tätigkeitsstätten gleichermaßen davon betroffen, wird die an der Wohnung näherliegende Tätigkeitsstätte als erste vermerkt. Die weitere Tätigkeitsstätte wird nach § 9 Abs. 1 S. 3 Nr. 4a S. 2 EStG mit einer Kilometerpauschale (Hin- und Rückfahrt) von 0,30 € (für PKWs, alle anderen motorbetriebenen Fahrzeuge 0,20 €) berücksichtigt. Während eines Pflichtpraktikums, bleibt die Hochschule die erste Tätigkeitsstätte. Die Fahrten zur Bildungseinrichtung werden nach wie vor mit der Entfernungspauschale nach § 9 Abs. 1 S. 4 Nr. 4 EStG angegeben. Für den Weg zur Praktikumstätigkeitsstätte können somit 0,30 € pro gefahrene Kilometer i. S. d. § 9 Abs. 1 S. 3 Nr. 4a EStG abgezogen werden.[80] Für die Berücksichtigung der Kilometer ist nach § 9 Abs. 1 S. 3 Nr. 4 S. 4 EStG immer die kürzeste Straßenverbindung anzugeben. Ist eine längere Strecke jedoch verkehrsgünstiger und wird diese oft für die Fahrt zur Tätigkeitsstätte benutzt, kann diese Kilometerzahl unterstellt werden. Pro Jahr können max. 4.500 € für die Fahrtkosten angesetzt werden, außer die Person nutzt das eigene Kfz oder eines, dass er für diese Fahrten nutzen darf. Wenn öffentliche Verkehrsmittel genutzt werden, dürfen gemäß § 9 Abs 2 S. 2 EStG die tatsächlichen Kosten angesetzt werden, sofern sie den Höchstbetrag der Entfernungspauschale von 4 500 € überschreiten. Menschen mit einem Behinderungsgrad von mind. 50 % dürfen nach § 9 Abs. 2 S. 3 EStG auch die tatsächlichen Aufwendungen ansetzten. Fahrten zu Lerngemeinschaften sind mit der Entfernungspauschale abzugelten.[81] [82] [83]

Mitfahrer bei Fahrgemeinschaften dürfen die Entfernungspauschale von 0,30 € auch ansetzen. Jedoch ist der Höchstbetrag von 4.500 € einzuhalten. Zu berücksichtigen ist zudem die kürzeste Strecke zwischen Wohnung und erster Tätigkeitsstätte. Umwege unterliegen nicht der Entfernungspauschale.[84]

---

[80] vgl. BFH v. 16.01.2013 - VI R 14/12, BS:Bl. II 2013, S. 449.
[81] vgl. Rick/Gierschmann/Gunsenheimer/Schneider/Kremer, (2015), S. 252.
[82] vgl. Haag, (8/2014), in: Steuer + Studium, S. 467ff.
[83] vgl. Herrler, (1/2014), in: Steuer + Studium, S. 25f.
[84] vgl. BMF v. 31.10.2013, Tz. 1.5, BStBl. I 2013, S.1376.

Im Falle eines Unfalls während der Fahrt zwischen Wohnung und erster Tätigkeitsstätte können die Kosten als Werbungskosten nach § 9 Abs. 1 S. 1 EStG angesetzt werden. Totalschäden sind nach § 7 Abs. 1 S. 7 i. V. m. § 9 Abs. 1 Nr. 7 EStG als Absetzung für außergewöhnliche Abnutzung (AfaA) abzugsfähig.[85]

Verpflegungsmehraufwendungen nach § 9 Abs. 4a EStG fallen für das Jahr 2015 in Höhe von 24 € bei einer 24 stündigen Abwesenheit von Wohnung und erster Tätigkeitsstätten an. Ein Betrag von 12 € ist abzugsfähig für den An- und Abreisetag, sowie für eine beruflich bedingte Abwesenheit von mehr als 8 Stunden. Für eine Abwesenheit von unter 8 Stunden gibt es keinen Pauschbetrag. Der Abzug dieser Pauschale an der gleichen Tätigkeitsstelle ist jedoch auf 3 Monate beschränkt. Eine Pause von mindestens 4 Wochen nach den 3 Monaten z.B. in Form von Semesterferien, Urlaub oder Krankheit ermöglicht einen erneuten 3 monatigen Abzug. Der Grund dieser Unterbrechung muss nicht begründet werden. Diese Pauschale könnte bei Studenten oder Auszubildenden vorliegen, die eine weiter entfernte Lerngemeinschaft aufsuchen.[86][87]

Entstehen Übernachtungskosten im Fall einer vorübergehenden auswärtigen Unterbringung gem. § 9 Abs.1 S. 3 Nr. 5a EStG (z.B. bei Lerngemeinschaften) können in den ersten 48 Monaten die tatsächlichen Aufwendungen unbeschränkt abgezogen werden, sofern sie nachweisbar sind. In den darauffolgenden Monaten ist ein Abzug auf 1.000 € pro Monat beschränkt.[88]

Mehraufwendungen auf Grund einer doppelten Haushaltsführung sind nach § 9 Abs. 1 Nr. 5 EStG als Werbungskosten abziehbar, wenn diese beruflich veranlasst sind. Eine doppelte Haushaltsführung liegt vor, wenn ein Student / Auszubildender am Ort der ersten Tätigkeitsstätte wohnt und zudem einen eigenen Haushalt außerhalb des Ortes seiner ersten Tätigkeitsstätte unterhält. Ein eigener Hausstand liegt nur dann vor, wenn die Person eine Wohnung innehat und eine finanzielle Beteiligung an den Aufwendungen der Lebensführung zu mind. 10 % gegeben ist. Dort sollte zudem der Lebensmittelpunkt sein. Hat ein Student / Auszubildender eine Wohnung die er unentgeltlich im Elternhaus nutzen darf, liegt kein eigener Hausstand vor. Die zweite

---

[85] vgl. BMF v. 31.10.2013; BStBl. I 2013, S.1376, Rz. 4; H 9.10 Unfallschäden LStH.
[86] vgl. Reisekostenabrechnung online (2014).
[87] vgl. Haufe Reisekosten online (o.J.).
[88] vgl. Lohnsteuer Auswärtstätigkeit online (o.J.).

Wohnung am Ort der ersten Tätigkeitsstätte unterliegt diesen Anforderungen nicht. Miete und Nebenkosten bei einer doppelten Haushaltsführung können gem. § 9 Abs. 1 S.3 Nr. 5 S.4 EStG abgezogen werden. Kosten die für eine Wohnungssuche entstehen, sowie Umzugskosten, Telefonkosten für Familienanrufe, Zweitwohnungsteuern und Aufwendungen für eine Erstausstattung sind ebenfalls ansetzbar. Der Höchstbetrag liegt bei 1.000 € pro Monat. Für Familienheimfahrten die am Ort der ersten Tätigkeitsstätte beginnen und am Hausstand des Steuerpflichtigen enden können gem. § 9 Abs.1 S.3 Nr. 5 S.5, S.6 EStG die Kosten in Höhe der Entfernungspauschale einmal pro Woche angesetzt werden.[89] [90] [91] [92]

Bewerbungskosten stellen auch abzugsfähige Werbungskosten dar. So können alle Kosten berücksichtigt werden, die mit einer Bewerbung in Verbindung stehen. Beispielsweise Ausgaben für amtliche Beglaubigungen, Briefumschläge, Papier, Schnellhefter, Passfoto, Porto, Bücher über das Thema Bewerbung und Vorstellung, Fahrten zum Vorstellungsgespräch pro gefahrenen Kilometer und Wochenendausgaben von Zeitungen, die viele Stellenanzeigen beinhalten (z.B. Süddeutsche Zeitung, FAZ). Ob aus der Bewerbung ein tatsächliches Arbeitsverhältnis entsteht ist hierbei irrelevant. Es gibt Pauschalen die man bei fehlenden Belegen ansetzen kann. Für Bewerbungen mit einer Mappe können 9,50 € angesetzt werden, ohne eine Mappe (z.B. Bewerbung per E-Mail) kann ein Betrag von 2,50 € angenommen werden. Jedoch besteht kein Anspruch ohne Nachweis.[93] [94]

Werden private Gegenstände mit beruflicher Verwendung (z.B. Laptop) gestohlen oder beschädigt kann dies als Werbungskosten behandelt werden. Jedoch dürfen die Kosten nicht als Werbungskosten abgezogen werden, wenn der Diebstahl oder die Beschädigung außerhalb des Hochschulbesuches / Schulbesuches geschieht. Bei einer Beschädigung können die Reparaturkosten abgezogen werden. Ein nicht reparierter Sachschaden kann als Absetzung für außergewöhnliche Abnutzung (AfaA) berücksichtigt werden. Bei Diebstahl wird nur der fiktive Restwert des Gegen-

---

[89] vgl. Haufe doppelte Haushaltsführung online (o.J.).
[90] vgl. Rick/Gierschmann/Gunsenheimer/Schneider/Kremer, (2015), S.253 ff.
[91] vgl. Lohnsteuer doppelte Haushaltsführung online (o.J.).
[92] vgl. Herrler, (1/2014), in: Steuer + Studium, S. 26.
[93] vgl. Lohnsteuer Bewerbungskosten online (o.J.).
[94] vgl. FG Köln v. 07.07.2004, 7 K 932/C3.

standes zum Zeitpunkt der Entwendung Berücksichtigung finden. Erstattungen einer Versicherung müssen vom Restwert abgezogen werden.[95] [96]

---

[95] vgl. Rick/Gierschmann/Gunsenheimer/Schneider/Kremer, (2015), S. 255.
[96] vgl. Steuernetz online (o.J.).

3 Rechtsentwicklung

In den Jahren 1937 bis 1968 bestand nur für Fortbildungskosten eine unbeschränkte Abzugsfähigkeit als Betriebsausgaben oder Werbungskosten. Dies wurde mit der Rechtsprechung des RFH vom 24.06.1937 festgelegt.[97] Der Abzug von Sonderausgaben in Höhe von vorerst 900 DM (1.200 DM bei auswärtiger Unterbringung) für Weiterbildungen, sowie für Berufsausbildungskosten wurde mit § 10 Abs. 1 Nr. 7 EStG durch den Gesetzgeber ab dem VZ 1969 ermöglicht. Der Betrag wurde mit der Einführung des Euros auf 920 € bzw. 1.227 € angepasst.[98]

Der VI. Senat des BFH entschied im Jahr 2002 zugunsten der Personen die ein Erststudium oder eine erste Berufsausbildung ohne ein Dienstverhältnis absolvierten. Das Urteil sieht vor, dass alle Ausbildungskosten, wenn sie in einem Verhältnis zu späteren Entgelten stehen und somit aus beruflichen Gründen hervorgerufen werden der Erwerbssphäre zuzuordnen sind.[99] Auch Umschulungskosten und Aufwendungen für ein berufsbegleitendes Erststudium sollten demnach abzugsfähige Werbungskosten sein. Eine Differenzierung zwischen Erstausbildung, Zweitausbildung, Fortbildung und Erstausbildung / Erststudium im Rahmen eines Dienstverhältnisses war folglich nicht mehr von Bedeutung. Lediglich der Besuch einer allgemeinbildenden Schule, ein Auslandstudium zum Erwerb eines Visums, ein Seniorenstudium, ein Studium als Freizeitbeschäftigung und die Ausbildung für eine Privatpilotlizenz wurden nicht der Erwerbssphäre zugeordnet, da ein erwerbsbedingtes Verhältnis fehlte. Für den Staat bedeutete dies rückläufige Steuereinnahmen, da diese vorab entstandenen Werbungskosten zeitlich unbegrenzt über einen Verlustvortrag nach § 10d Abs. 2 EStG bzw. über einen Verlustrücktrag gemäß § 10d Abs. 1 EStG angesetzt werden konnten.[100]

Aus diesem Grund reagierte der Gesetzgeber auf diese Rechtsprechung mit einem Nichtanwendungsgesetz, das ab VZ 01.01.2004 durch § 12 Nr. 5 EStG a. F. bestand hatte. Kosten für ein Erststudium oder eine erste Berufsausbildung sollten demnach der Privatsphäre zugewiesen werden, sofern das Studium nicht in Verbindung mit einem Dienstverhältnis erfolgte. Somit war nur ein Sonderausgabenabzug möglich,

---

[97] vgl. RFH v. 24.06.1937 - VI A 20/36, RStBl 1937 S.1089.
[98] vgl. Kreft, (10/2014), in: Steuer + Studium, S. 602.
[99] vgl. BFH v. 04.12.2002 - VI R 120/01, BStBl. II 2003, S. 403; v. 17.12.2002 - VI R 137/01, BStBl. II 2003, S.407.
[100] vgl. Kreft, (10/2014), in: Steuer + Studium, S. 602.

der nicht vorgetragen und nicht rückgetragen werden konnte. Umschulungskosten, die nach einer abgeschlossenen Berufsausbildung bzw. nach einem Erststudium anfielen und Fortbildungskosten waren weiterhin nicht vom Werbungskostenabzug / Betriebsausgabenabzug ausgeschlossen. Zudem wurde in § 10 Abs. 1 Nr. 7 EStG der für Berufsausbildungskosten geltende Abzug von Sonderausgaben auf 4.000 € ab VZ 2004 erweitert. Kosten für eine erste Berufsausbildung und ein Erststudium ohne ein Dienstverhältnis bis zum VZ 2003 dürfen jedoch weiterhin als Werbungskosten / Betriebsausgaben abgezogen werden.[101] [102]

Der VI. Senat des BFH entgegnete dem Gesetzgeber im Jahr 2011 mit fünf Entscheidungen vom 28.07.2011. Drei Ausbildungen zu je einem Verkehrsflugzeugführer mit einer Übernahmezusicherung, eine Ausbildung zum Co-Piloten die jedoch nicht vergütet wurde und ein Medizinstudium dass nach dem Abitur begonnen wurde.[103] In allen fünf Fällen entstanden den Steuerpflichtigen hohe Kosten für ihre Ausbildung, die jedoch für zukünftige gut bezahlte Berufe notwendig waren. Eine private Mitveranlassung konnte jeweils ausgeschlossen werden. In jedem dieser Fälle sahen die Richter des VI. Senats eine Berücksichtigung der entstandenen Kosten als Werbungskosten oder Betriebsausgaben als vorrangig an, da ein Erwerbsbezug der Ausbildungskosten gegeben sei. § 12 Nr. 5 EStG a. F. und § 10 Abs. 1 Nr. 7 EStG wurden nach Meinung des Senats somit vom Werbungskosten – bzw. Betriebsausgabenabzug verdrängt, weil § 12 Nr. 5 EStG a. F. kein allgemeines Verbot für einen Abzug aufweist. Der VI. Senat laß aus dem Gesetz kein Abzugsverbot für Erstausbildungskosten, da eine solche Vorschrift nach Meinung des Senats in den §§ 4, 9 EStG hätte festgeschrieben werden sollen.[104] [105]

Mit dem Beitreibungsrichtlinie-Umsetzungsgesetz vom 07.12.2011 hat der Gesetzgeber auf Grund des „Hinweises" seitens des VI. Senats § 12 Nr. 5 EStG a. F. durch Einführung des § 9 Abs. 6 EStG und § 4 Abs. 9 EStG, in Bezug auf die Abzugsverbote für Werbungskosten und Betriebsausgaben, präzisiert. Der Sonderausgabenabzug für Ausbildungskosten des § 10 Abs.1 Nr. 7 EStG wurde ab dem VZ

---

[101] vgl. Kreft, (10/2014), in: Steuer + Studium, S. 602f.
[102] vgl. Loschelder, in Schmidt, EStG (2015), § 12 Rz. 56.
[103] vgl. BFH v. 28.07.2011 VI R 5/10, BStBl. II 2012, S. 553; VI R 8/09; VI R 7/10, BStBl. II 2012, S. 557; VI R 38/10, BStBl. II 2012, S. 561; VI R 59/09.
[104] vgl. Kreft, (10/2014), in: Steuer + Studium, S. 603.
[105] vgl. BT-Drucks., 17/7259, S. 2.

2012 als „Ausgleich" [106] auf 6.000 € pro Jahr angehoben. [107] Diese klarstellende Regelung gilt rückwirkend ab dem VZ 2004. Im Jahr 2013 erhielt der VIII. Senat des BFH ein Revisionsverfahren eines Rechtsanwalts ohne Erstausbildung, der seine Kosten des Jurastudiums als zuvor entstandene Betriebsausgaben geltend machen wollte. Dieser Senat sah im Abzugsverbot keinen Verstoß gegen die Verfassung und lehnte die Forderung ab. [108] [109] [110] [111]

Durch das Zollkodex-Anpassungsgesetz hat der Gesetzgeber § 12 Nr. 5 EStG a. F. zum 01.01.2015 aufgegeben, da der Inhalt in § 4 Abs. 9 EStG, sowie in § 9 Abs. 6 EStG mit aufgenommen wurde. Demnach sind Aufwendungen eines Studiums oder einer Ausbildung Werbungskosten oder Betriebsausgaben, wenn zuvor eine Erstausbildung abgeschlossen wurde. Auch hier spricht sich der Gesetzgeber gegen die Entscheidungen des VI. Senats aus. [112] [113] Der VI. Senat hat das BVerfG mit mehreren Beschlüssen vom 17.07.2014 zur Entscheidung aufgefordert, da nach Meinung dieses Senats eine Verfassungswidrigkeit auf Grund des Abzugsverbots von Ausbildungskosten durch die § 4 Abs. 9 EStG und § 9 Abs. 6 EStG vorliegt. Zwei Beschlüsse wurden am 05.11.2014 veröffentlicht und beanstanden die ungleiche Behandlung von Erst- und Zweitstudium / -ausbildung / Erststudium bzw. -ausbldung im Rahmen eines Dienstverhältnisses. Dies wird vom VI. Senat als Verfassungswidrigkeit gegen das Leistungsfähigkeitsprinzip als Ausprägung des Art. 3 Abs. 1 GG angesehen. Unter anderem Klagte ein Betriebswirtschaftsstudent im Erststudium und ein Pilot in der Ausbildung. [114] [115] Neben den zwei veröffentlichten Entscheidungen des BFH, die dem BVerfG vorgelegt wurden, gibt es noch vier nicht veröffentlichte BFH-Entscheidungen, die dem BVerfG auch vorliegen. Dabei handelt es sich um die Erstattung von Erstausbildungskosten eines Managementstudiums und in drei Fällen jeweils um eine Pilotenausbildung. [116]

Studienkosten konnten bis Ende 2015 für sieben Jahre rückwirkend bis zum Jahr 2008 geltend gemacht werden, da das BFH-Urteil vom 13.01.2015 am 29.04.2015

---

[106] Kreft, (10/2014), in: Steuer + Studium, S.601
[107] vgl. BeitrRLUmsG v. 07.12.2011, BGBl I 2011, S. 2600.
[108] vgl. BFH v. 05.11.2013 - VIII R 22/12, BStBl. II 2012, S.165.
[109] vgl. Kreft, (10/2014), in: Steuer + Studium, S. 603.
[110] vgl. Holthaus, (2011), S. 231.
[111] vgl. Loschelder, in Schmidt, EStG (2015), §9 Rz. 280.
[112] vgl. Haufe Änderung Zollkodexanpg. online (o.J.).
[113] vgl. Loschelder, in Schmidt, EStG (2015) § 9 Rz. 281.
[114] vgl. BFH v. 17.07.2014 VI R 8/12 und VI R 2/12.
[115] vgl. Haufe Einkommensteuerrecht online (o.J.).
[116] vgl. BVerfG, 2 BvL 22/14, 25/14, 26/14, 27/14; Vorinstanz: BFH v. 17.07.2015 - VI R 61/11, VI R 38/12, VI R 2/13, VI R 72/13.

durch eine Mitteilung bekannt gegeben wurde.[117][118] Zuvor darf jedoch noch keine Einkommensteuererklärung abgegeben worden sein. Normalerweise darf eine Steuererklärung nur 4 Jahre rückwirkend beim Finanzamt eingereicht werden.[119]

Enthalten die Steuerbescheide ab dem Jahr 2004 in Hinblick auf die Studienkosten bzw. Ausbildungskosten einen Vorläufigkeitsvermerk, muss kein Einspruch und Ruhen des Verfahrens[120] gegenüber diesen Bescheiden eingelegt werden. Dieser Vermerk wurde am 20.02.2015 durch das Bundesfinanzministerium bekannt gegeben.[121]

Da das BVerfG noch keine Entscheidung bezüglich der Abzugsfähigkeit von Erstausbildungskosten getroffen hat, ist der Erfolg der Steuererklärungen die nur auf eine Abziehbarkeit von Erstausbildungskosten als Werbungskosten abzielen ungewiss. Für den Fall einer positiven Entscheidung kann sich die Mühe der Erstellung von Steuererklärungen jedoch lohnen, da eine verspätete Steuererstattung ab dem 15. Monat nach dem betreffenden Veranlagungszeitraum bis zur Zusendung des Steuerbescheids mit einem Zins von 6 % pro Jahr verzinst wird. Das sind 0,5 % pro Monat.[122] Da ein solcher Zinssatz in Anbetracht der aktuellen niedrig Zins Politik eher selten ist, kann dies als eine Art Geldanlage betrachtet werden, die selbstverständlich auf Risiko beruht, da alles von der Entscheidung des BVerfG und dem Gesetzgeber abhängt.[123]

---

[117] vgl. Juris Rechtsprechung BFH online (2014).
[118] vgl. BFH v. 13.01.2015 - IX R 22/14, BStBl. II 2015, S.829.
[119] § 169 Abs. 2 Nr.2 AO.
[120] § 363 Abs. 2 AO.
[121] vgl. BMF v. 20.02.2015, BStBl. I 2012, S.174.
[122] § 233a AO.
[123] vgl. Haufe Steuererstattung online (o.J.).

4 Kritische Würdigung

4.1 Rechtmäßigkeit des Abzugsverbots

Im Folgenden wird erörtert inwiefern der Gesetzgeber mit der Einführung des § 12 Nr. 5 EStG a. F. und der §§ 4 Abs. 9, 9 Abs. 6 EStG gegen den Gleichheitsgrundsatz in Art. 3 Abs. 1 GG und dem davon abgeleiteten Leistungsfähigkeitsprinzip mit dessen Unterprinzipien, dem objektiven und subjektiven Nettoprinzip, verstößt. Auch die Rückwirkung des Abzugsverbots von Erstausbildungskosten ab dem VZ 2004 könnte gegen das Rückwirkungsverbot verstoßen, dass aus Art. 20 Abs. 3 GG abgeleitet wird.[124]

Der Gesetzgeber sieht die Kosten der Erstausbildung ohne ein Dienstverhältnis als Kosten der privaten Lebensführung an. Als Gründe hierfür nennt er die Erfordernisse einer realitätsnahen Typisierung zur Privatsphäre und eine Vereinfachung, die jeweils dem objektiven Nettoprinzip untergeordnet werden. Typisierung bedeutet, dass als Leitbild für eine Orientierung ein realitätsgerechter, typischer Fall den Ausgangspunkt darstellt. Ein atypischer Fall als Maßstab ist unzulässig.[125] [126] Der VI. Senat sieht die Kosten der Erstausbildung ohne ein Dienstverhältnis und die Aneignung von Wissen für einen späteren Beruf in einem Veranlassungs-zusammenhang mit der Erwerbssphäre und somit als im Voraus entstandene Werbungskosten an, die keine Kosten der privaten Lebensführung darstellen. Nachweise, dass es sich bei den vom VI. Senat ausgewählten Fällen um Sonder-sachverhalte handelt, die bei einer Typisierung nicht angewendet werden dürfen, fehlen. [127] Eine Verletzung des Typisierungsgebotes ist somit gegeben, da der Gesetzgeber unterstellt, dass ein Veranlassungszusammenhang zwischen Erst-ausbildung bzw. Erststudium ohne ein Dienstverhältnis und der zukünftigen Berufsausübung typischerweise nicht vorliegt. Diese Unterstellung stellt wohl eher die Ausnahme dar. Dieses Konstrukt könnte in Ausnahmefällen wie z.B. bei einem Freizeitstudium oder einem Seniorenstudium zutreffen. Generell ist ein Erwerbs-bezug vorhanden. Diese Gegebenheit ist an den „Pilotenfällen", aber auch an anderen Ausbildungen und Studiengängen wie z.B. der Betriebswirtschaftslehre oder der Medizin erkennbar. Die erlernten Fähigkeiten und Fertigkeiten, die solche

---

[124] vgl. Kreft, (10/2014), in: Steuer + Studium, S. 605.
[125] vgl. BVerfG v. 06.07.2010 - 2 BvL 13/09, BStBl. II 2011, S.318.
[126] vgl. Kreft, (10/2014), in: Steuer + Studium, S. 606.
[127] vgl. Kreft, (10/2014), in: Steuer + Studium, S. 606.

Erstausbildungen vermitteln sind im Alltag nicht anwendbar und der Erwerbszweck klar im Vordergrund. Der VIII. Senat des BFH bestätigt hingegen die realitätsgerechte Typisierung im Urteil vom 05.11.2013[128] und spricht sich für den Gesetzgeber aus. Diese Auffassung ist eine Hinderung für eine Weiterentwicklung des Begriffs der Werbungskosten und das Veranlassungsprinzip und vermittelt den Eindruck einer Erstausbildung bzw. eines Erststudiums als Vermittlung von Fertigkeiten für den Privatgebrauch und als Freizeitbeschäftigung.[129] [130] [131]

Das subjektive Nettoprinzip, als Bewahrung des Existenzminimums der Steuerpflichtigen, ist vom Gesetzgeber ebenso einzuhalten. Bei gemischten Aufwendungen kann der Gesetzgeber im Allgemeinen frei entscheiden, ob er diese den Werbungskosten auf Grund einer überwiegenden beruflichen Veranlassung zuordnet oder ob der diese als Sonderausgaben auf Grund von einer dominierenden privaten Mitveranlassung sieht. Diese Sichtweise der gemischten Aufwendungen bei Erstausbildungskosten wird im Urteil des VIII. Senats des BFH vom 05.11.2013[132] deutlich. Der berufliche Bezug wird danach durch einen persönlichen Vorteil einer Erstausbildung ohne ein Dienstverhältnis ergänzt. Den fortlaufenden Rechtsprechungen des BVerfG jedoch zur Folge ist eine Differenzierung zwischen einer freien Verwendung des Einkommens und einem unvermeidbaren Aufwand erforderlich.[133] [134] Folglich könnte ein Verstoß gegen das subjektive Nettoprinzip vorliegen, da eine Erstausbildung bzw. ein Erststudium nicht vollkommen aus freien Stücken absolviert wird, sondern eine gewisser Existenzzwang dahinter steht, um das Leben selbständig bestreiten zu können. Demnach sind die Kosten einer Erstausbildung bzw. eines Erststudiums dem Existenzminimum zuzuordnen, der den steuerlichen Eingriffen nicht unterliegt. Darunter könnten zwangsläufige Aufwendungen fallen, die sich durch „eine Basisausbildung / ein Basisstudium"[135] ergeben und dem subjektiven Nettoprinzip unterliegen. Der Sonderausgabenabzug, den der Gesetzgeber ermöglicht, wird dem Gebot des subjektiven Nettoprinzips nicht gerecht, da er in den meisten Fällen nicht zur Anwendung kommt und somit keine

---

[128] vgl. BFH v. 05.11.2013 - VIII R 22/12, BStBl. II 2014, S.165.
[129] vgl. Hey, in Tipke/Lang,EStG (2015), §8 Rz. 264.
[130] vgl. Kreft, (10/2014), in: Steuer + Studium, S. 606f.
[131] vgl. Pfab, (2008), S. 82.
[132] vgl. BFH v. 05.11.2013 - VIII R 22/12, BStBl. II 2014, S. 165.
[133] vgl. BVerfG v. 09.12.2008 - 2 BvL 1/07, 2 BvL 2/07, 2 BvL 1/08, 2 BvL 2/08; v. 06.07.2010 - 2 BvL 13/09, BStBl II 2011, S.318.
[134] vgl. Kreft, (10/2014), in: Steuer + Studium, S. 607f.
[135] vgl. Kreft, (10/2014), in: Steuer + Studium, S. 608.

steuerliche Entlastung darstellt. Es kommt eher zu einer „Bruttobesteuerung"[136] die dem Leistungsfähigkeitsprinzip wiederspricht.[137]

Verfassungsrechtlich sind Rückwirkungen, die sich auf Sachverhalte vor Verkündung einer neuen Norm beziehen, verboten gem. Art. 20 Abs. 3 GG. Das Prinzip des Vertrauensschutzes muss gewährleistet sein, dass eine Rückwirkung grundsätzlich ausschließt. Ausnahmen dieses Verbots bestehen, wenn für ein verbindliches Recht kein Vertrauen entgegengebracht werden kann oder wenn ein bestehendes Vertrauen in eine Norm ungerechtfertigt ist. Der Gesetzgeber sieht im Abzugsverbot der Erstausbildungskosten, dass nicht im Rahmen eines Dienstverhältnisses stattfindet, als Werbungskosten möglichweiße eine berechtigte Rückwirkung, da eine frühere Gesetzeslage wieder belebt wird. Aus Sicht des BFH ist dies bedenklich, da der BFH mit seinem Urteil vom 04.12.2002 [138] Aufwendungen für eine erste Ausbildung ohne ein Dienstverhältnis auch als Werbungskosten i. S. d. § 9 Abs 1 S. 1 EStG auffasst und dies in ständiger Rechtsprechung wiederholt. Seit diesem Urteil konnten die Steuerpflichtigen auf eine Abzugsfähigkeit von Erstausbildungskosten mit genügendem beruflichen Zusammenhang als Werbungskosten oder Betriebs-ausgaben vertrauen, da die Gesetzeslage klar war. Aus diesem Grund war kein Anlass gegeben eine neue Regelung zu erwarten, da § 12 Nr. 5 EStG a.F. aus dem Jahr 2004 in Verbindungen mit den Urteilen des BFH vom 28.07.2011[139] einem Abzug von Erstausbildungskosten als Werbungskosten nicht entgegenstand. In der Entscheidung des BFH vom 18.06.2009[140] wurde erwähnt, dass bei "verfassungs-konforme[r] Auslegung der §§ 10 Abs. 1 Nr. 7 und 12 Nr. 5 EStG [a.F.], das Abzugsverbot des § 12 Nr. 5 EStG allenfalls die Fälle des Erststudiums, das zugleich eine Erstausbildung vermittelt und nicht im Rahmen eines Dienstverhältnisses stattfindet [erfasst]."[141] Mit dieser Entscheidung liegt jedoch keine Abweichung der ständigen Rechtsprechung vor, denn inwiefern § 12 Nr. 5 EStG a.F. im Allgemeinen zur Anwendung kommt war in diesem Fall irrelevant. Der Gesetzgeber hingegen sieht dieses Urteil des VI. Senats als ein Zugeständnis der Verfassungsmäßigkeit des Abzugsverbots von Erstausbildungskosten ohne ein Dienstverhältnis an. Die

---

[136] vgl. Kreft, (10/2014), in: Steuer + Studium, S. 608.
[137] vgl. Kreft, (10/2014), in: Steuer + Studium, S. 608.
[138] vgl. BFH v. 04.12.2002 - VI R 120/0, BStBl II 2003, S. 403.
[139] vgl. BFH v. 28.07.2011 - VI R 5/10, BStBl. I 2012, S. 553; VI R 7/10, BStBl. II 2012, S. 557; VI R 38/10 BStBl. II 2012, S.561; v. 27.10.2011 - VI R 52/10, BStBl. II 2012, S. 825.
[140] vgl. BFH v. 18.06.2009 - VI R 14/07, BStBl II 2010, S. 816.
[141] vgl. BFH v. 18.06.2009 - VI R 14/07 - Entscheidungsgrund Nr. 2d), BStBl. II 2010, S. 816.

Klarstellung mit Rückwirkung durch den Gesetzgeber wurde mit dem Beschluss[142] des BVerfG im Jahr 2013 verschärft. Der Gesetzgeber kann rückwirkend nur im Rahmen der Verfassungsmäßigkeit die Gesetze präzisieren und klarstellen, wenn ein Ausschluss einer Auslegung oder eine noch nicht entschiedene Auslegungsfrage in der "Fachgerichtsbarkeit"[143] geklärt werden soll. Von Interesse wäre im Sinne der Werbungskosten eine verfassungsrechtliche Prüfung des BVerfG auf Einhaltung und Richtigkeit der Vorschrift einer Klarstellung bei den §§ 9 Abs. 6, 4 Abs. 9 EStG in Bezug auf das Abzugsverbot, da widersprüchliche Aussagen des Gesetzgebers, dass es sich auf der einen Seite um eine Klarstellung handelt, aber auf der anderen Seite von einer Wiederherstellung der Gesetzeslage die zuvor bestand hatte die Rede ist, geklärt werden könnte. Eine Klarstellung kann in diesem Sinne nicht angenommen werden, da es sich vielmehr um einen rückwirkenden Eingriff handelt, weil eine Wiederherstellung nur möglich ist wenn etwas nicht mehr verfügbar ist. Eine Steigerung des Wohls von Steuerpflichtigen kann in Bezug auf diesen Sachverhalt durch eine Rückwirkung auch nicht begründet werden. Die Rückwirkung sieht demnach eher als ein fiskalischer Vorteil aus, der die Entscheidungen des BFH eliminieren möchte, um einen Abzug der Erstausbildungskosten ohne ein Dienstverhältnis als Werbungskosten zu verhindern.[144]

Die Rechtsprechungen des BFH für eine Abzugsfähigkeit von Erstausbildungskosten ohne ein Dienstverhältnis als Werbungskosten wurden von der Fachwelt als sehr positiv und als eine deutliche Neuorientierung bezeichnet und anerkannt. Die Literatur sah darin zudem eine Vereinfachung. Die Bestätigung durch die Rechtsprechung des BFH, dass ein Veranlassungszusammenhang zwischen Erstausbildung / Erststudium und zukünftigen Einnahmen besteht, wurde von der Fachwelt besonders geschätzt. Die Finanzverwaltung akzeptierte größtenteils die neuen Rechtsprechungen. Im Bundessteuerblatt wurden alle grundsätzlichen Urteile des BFHs veröffentlicht. Jedoch bestehen Zweifel ob die Finanzverwaltung die neue Rechtsprechung ohne Ausnahmen anwenden würde und es eventuell nicht doch zu neuen Streitfällen führen würde. Mehrere Finanzgerichte hingegen befürworteten die vorherige Gesetzeslage, jedoch ohne Erfolg.[145] [146]

---

[142] vgl. BVerfG v. 17.12.2013 - 1 BvL 5/08.
[143] vgl. Kreft, (10/2014), in: Steuer + Studium, S. 609.
[144] vgl. Kreft, (10/2014), in: Steuer + Studium, S. 608f.
[145] vgl. Holthaus, (2011), S. 46.
[146] vgl. Johenning, (2009), S. 95f.

Den Wandel des Arbeitsmarktes von einer Gesellschaft, die ihren erlernten Beruf das ganze Leben ausführt hin zu einer Gesellschaft, die auf Grund von verschiedenen Situationen des Arbeitsmarktes darauf angewiesen ist sich immer wieder flexibel neuen Berufsausbildungen zu stellen und das Erlernen von neuen beruflichen Fähigkeiten maßgebend für das Fortbestehen des Arbeitsplatzes ist, erkennt der Gesetzgeber und auch der VI. Senat des BFH durch die neuen Rechtsprechungen an. Auch der häufige Arbeitsplatzwechsel der Menschen erfährt in den letzten Jahren eine Steigerung. Dennoch verharrt der Gesetzgeber auf seinem Standpunkt, da seiner Meinung nach der Sonderausgabenabzug ausreichend ist, obwohl bei fehlenden Einnahmen ein Abzug ausgeschlossen ist und dieser Abzugsbetrag von 6.000 € in manchen Fällen niedriger als die tatsächlichen Kosten sein kann. Beispielsweise bei einem Studium an einer Privathochschule. Auch „das bildungspolitische Anliegen der Förderung des berufsbezogenen Lernens"[147] würde somit erfüllt werden. Jedoch unterliegen Erstausbildungskosten die in Rahmen eines Dienstverhältnisses (z.B. duales Studium) stattfinden nicht der privaten Lebensführung und stellen somit eine Ausnahme dar.[148] [149] [150] [151]

Es stellt sich die Frage inwiefern dies eine Ungleichbehandlung von Erststudierenden / Erstauszubildenden mit und ohne Dienstverhältnis ist. Grundsätzlich unterliegen beide Gruppen dem Abzugsverbot. Das Differenzierungsmerkmal ist hier lediglich das Dienstverhältnis. Die Eignung dieses Merkmals als Unterscheidung zweier ansonsten identischer Gruppen ist fragwürdig. Insbesondere werden die Zweifel an diesem Unterscheidungsmerkmal deutlich, wenn sich ein Auszubildender oder ein Student in einem Dienstverhältnis befindet und die Schule bzw. Hochschule besucht, aber das Dienstverhältnis vor ordnungsgemäßer Beendigung vorzeitig aufgehoben wird. Hier ist eine Abziehbarkeit der Ausbildungskosten als Werbungskosten unklar. Es änderte sich lediglich der Faktor Dienstverhältnis und somit die Einnahmen. Fachrichtung, Ausbildungsziel und Kosten sind wie zuvor bei der Ausbildung / dem Studium im Rahmen eines Dienstverhältnisses. Eine Diskriminierung durch diese Rückausnahme kann somit nicht ausgeschlossen werden. Studieren zwei Personen das gleiche Fach, an der gleichen Hochschule, mit den gleichen Kosten, kann nur

---

[147] vgl. BT-Drucks., 15/3339, S. 10.
[148] vgl. BT-Drucks., 15/3339, S.10f und BT-Drucks., 17/7259, S. 2.
[149] vgl. Kreft, (10/2014), in: Steuer + Studium, S. 607.
[150] vgl. Pfab, (2008), S. 82.
[151] vgl. Holthaus, (2011), S. 49.

derjenige die Kosten als Werbungskosten ansetzen, der es im Rahmen eines Dienstverhältnisses tut. Der andere kann nur den Sonderausgabenabzug für das entsprechende Jahr beanspruchen. Diese Unterscheidung der beiden Gruppen wird auch von der Finanzverwaltung[152] angewendet, jedoch ist diese Unterscheidung für eine steuerliche Differenzierung nicht annehmbar. Art. 3 Abs. 1 GG wird durch diese Ungleichbehandlung der Steuerpflichtigen verletzt und fordert eine verfassungsrechtliche Rechtfertigung. Zudem erfährt die Ungleichbehandlung auf Grund der Durchbrechung des objektiven Nettoprinzips eine weitere Steigerung, da Auszubildende / Studenten im Rahmen eines Dienstverhältnisses höhere Einkünfte erzielen, als Auszubildende / Studenten ohne ein Dienstverhältnis und somit auch eine höhere Leistungsfähigkeit aufzeigen. Diese höhere Leistungsfähigkeit wird sogar durch einen Werbungskostenabzug begünstigt der nur den Auszubildenden / Studenten im Rahmen eines Dienstverhältnisses zusteht, obwohl die Auszubildenden / Studenten ohne ein Dienstverhältnis eine geringere Leistungsfähigkeit haben und auch ihnen ein Steuererleichterung zukommen müsste. Das Argument des BFH [153], dass ein Erststudium / eine Erstausbildung im Rahmen eines Dienstverhältnisses später eine besser bezahlte Stelle ermögliche, lässt die Frage aufkommen ob Studierende / Auszubildende ohne eine berufsbegleitende Ausbildung in Zukunft schlechtere Chancen auf einen gut bezahlten Beruf haben. Weiterhin ist anzumerken, dass Art. 12 Abs. 1 GG durch dieses Abzugsverbot tangiert wird. Die freie Berufswahl und somit Ausbildungswahl wird deutlich eingeschränkt, da auch die Kosten und die steuerliche Unterstützung ein Faktor bei der Berufswahl sind. Jedoch liegt kein Verstoß gegen Art. 12 Abs. 1 GG vor, da kein Anspruch auf eine finanzielle Unterstützung oder gar kostenfreie Ausbildung besteht. Eine beschränkte Berücksichtigung der Ausbildungskosten ist nicht gegen die Verfassung. Zudem wird niemand gezwungen eine gewisse Berufsausbildung zu beginnen.[154] [155] [156] [157] [158]

Sogar die Finanzverwaltung bildet ihr Personal in Form eines dualen Studiums für den gehobenen Dienst aus. In dieser Hinsicht erfährt die Verwaltung des Gesetzgebers eine steuerliche Erleichterung und umgeht den Sonderausgabenabzug.[159]

---

[152] vgl. BMF v. 04.11.2005, BStBl. I 2005, S. 955; v. 21.06.2007, BStBl. I 2007, S. 492.
[153] vgl. BFH v. 17.12.2002 - VI R 137/01, BStBl. II 2003, S.407.
[154] vgl. Johenning, (2009), S. 213.
[155] vgl. Zajons, (2013), S. 33ff.
[156] vgl. Hey, in Tipke/Lang, EStG (2015), §8 Rz. 264.
[157] vgl. Holthaus, (2011), S. 218f.
[158] vgl. Johenning, (2009), S. 232.

4.2 Vor- und Nachteile

Stimmt das BVerfG dem VI. Senat in Bezug auf die Abzugsfähigkeit von Bildungsaufwendungen für alle Erststudierenden und -auszubildenden zu und wird dies vom Gesetzgeber dementsprechend umgesetzt, führt dies zu Vorteilen, aber auch zu Nachteilen.

Das Abgrenzungsproblem von Privat- und Betriebssphäre würde mit einer ermöglichten Abzugsfähigkeit von Erstausbildungskosten eliminiert werden. Neue Konstrukte von vorgelagerten Erstausbildungen, um Kosten teurer Ausbildungen / Studiengänge als Zweitausbildung / -studium voll ansetzen zu können, würden verhindert werden.[160] Zudem würde diese Vereinfachung alle Auszubildender und Studierenden gleich behandeln und eine Verfassungswidrigkeit auf Grund von Art. 3 Abs. 1 GG ausschließen, wie es schon vor dem 01.01.2004 der Fall war.[161] Auch eine systemgerechte Verrechnung der Studienkosten mit dem zukünftigen Einkommen wäre vom ersten Tag des berufsbedingten Erststudiums möglich und würde zum Vorteil aller Studenten auf Grund einer zukünftigen steuerlichen Entlastung führen. Ein weiterer Vorteile wäre, dass Kosten für Rechtsstreitigkeiten in Form von Gerichtskosten der Finanzgerichte und des BFH, Rechtsanwaltskosten und Kosten der Finanzbehörden gespart werden könnten, da eine klare Gesetzeslage in Bezug auf die Bildungsaufwendungen Streitigkeiten vorbeugen würde.[162] Zudem wäre diese steuerliche Entlastung dem heutigen Berufsleben angemessen und würde diesen Wandel unterstützen, da viele Berufe heute ein Studium verlangen.[163]

Die Abzugsfähigkeit der Bildungsaufwendungen für alle im Erststudium und der Erstausbildung würde hingegen den Gesetzgeber und seine Verwaltungen benachteiligen. Denn für die Steuereinnahmen bedeutet dies ein Rückgang. Im Jahr 2011 rechnete man bei einer Allgemeingültigkeit der Abzugsfähigkeit von Bildungsaufwendungen mit Steuerausfällen von jährlich 1,1 Mrd. Euro bei rund 360.000 betroffenen Steuerpflichtigen. Insgesamt studierten im Wintersemester 2014/2015 in Deutschland 2.698.910 Personen.[164] Ein höherer Ausfall an Steuereinnahmen wäre somit denkbar.

---

[159] vgl. Holthaus, (2011), S. 242f.
[160] vgl. Kreft, (10/2014), in: Steuer + Studium, S.607.
[161] vgl. Holthaus, (2011), S.231.
[162] vgl. Johenning, (2009), S. 65.
[163] vgl. Pfab, (2008), S. 88f.
[164] vgl. Destatis Studierende online (o.J.).

Inwiefern noch mehr Steuermindereinnahmen verbucht werden würden, ist jedoch von der Bundesregierung auf Grund der Möglichkeit einer nachträglichen Abgabe von Steuererklärungen noch nicht einzuschätzen. [165] Folglich könnten dem Staat Haushaltsrisiken durch fehlende Einnahmen entstehen.[166] Ein weiterer Nachteil wäre die Aufgabe der aktuellen Entlastung der Finanzverwaltung durch verminderte Prüfungen von Steuererklärungen und Anträgen auf Verlustfeststellungen. Bei einer Zulassung der Abziehbarkeit von Ausbildungskosten als Werbungskosten würde die Zahl der eingereichten und zu bearbeiteten Steuererklärungen steigen. Neue Kosten in Form von Personal könnten somit dem Fiskus entstehen. Auch die Mehrbelastung der Studenten, jedes Jahr eine Steuererklärung abzugeben, um einen Verlustvortrag nach § 10d EStG feststellen zu lassen, wird in der Literatur als Nachteil für Studenten aufgeführt. [167] [168] Ein weiterer Nachteil wäre eine mögliche Abschaffung der sozialen Zahlungen, wie zum Beispiel das Kindergeld. Der Gesetzgeber hatte bei dieser Einführung des Ausgleichs nicht eine Abziehbarkeit der Erstausbildungskosten als Werbungskosten berücksichtigt und möchte eine Doppelberücksichtigung sicherlich vermeiden, was für einige Studenten und Auszubildende, die nicht im Rahmen eines Dienstverhältnisses tätig sind, eine nebenberufliche Tätigkeit bedeuten würde.[169]

---

[165] vgl. BT-Drucks.,17/7259, S. 5.
[166] vgl. BT-Drucks., 17/7259, S. 1.
[167] vgl. Kreft, (10/2014), in: Steuer + Studium, S. 607.
[168] vgl. Johenning, (2009), S. 65, 96ff.
[169] vgl. Pfab, (2008), S. 90ff.

5 Fazit

Das Grundgesetz, unsere Verfassung, sollte meiner Meinung nach von jedem Bürger, von jedem Gericht und jeder Finanzverwaltung, aber auch von dem Gesetzgeber geachtet werden und nicht auf Grund von fiskalischen Motivationen umgangen werden. Gründe für steigende Steuereinnahmen bzw. Gründe für eine Verhinderung von Steuerentlastungen für Auszubildende und Studenten, die sowieso in den meisten Fällen zu Beginn ihrer beruflichen Laufbahn nicht viel an finanziellen Mitteln haben, empfinde ich als falsch und zudem als verfassungswidrig. Somit schließe ich mich der Meinung des VI. Senats des BFH an. Es wird am falschen Ende gespart. Deutschland, dessen „Bodenschatz" das Humankapital ist[170], sollte eine kostenfreie Bildung und kostenfreie Rahmenbedingungen fördern und Auszubildende / Studenten gleichermaßen steuerlich entlasten. Von der Entwicklung, dem Fortschritt, der Wettbewerbsfähigkeit und dem Wissen der ausgebildeten Menschen lebt der Industriestaat Deutschland. Wie viel sind die Rechtsprechungen unserer Gerichte wert, wenn der Gesetzgeber mit Nichtanwendungsgesetzen einen Riegel vorschieben kann? Schon der Begriff Rechtsprechung beinhaltet das Wort „Recht". Agiert der Gesetzgeber also gegen das Recht? Es bleibt abzuwarten wie das BVerfG sich zu diesem Thema ausspricht.

Trotz ungewissem Ausgang empfehle ich allen Studenten und Auszubildenden in einer Erstausbildung, die nicht im Rahmen eines Dienstverhältnisses stattfindet, ihre Steuererklärungen und den Antrag auf Feststellung des Verlustes beim zuständigen Finanzamt einzureichen. Da der Fiskus meiner Meinung nach raffiniert ist was die Erlangung von Steuereinnahmen angeht, könnten beispielsweise Beschränkungen einer Abzugsmöglichkeit in Bezug auf die bisherigen eingereichten Steuererklärungen festgesetzt werden. Normalerweise kann eine Steuererklärung für vier Jahre rückwirkend eingereicht werden[171], allerdings befürchte ich bei einer Aufhebung des Abzugsverbotes einen möglichen Ausschluss dieser 4 Jahre in Bezug auf die Bildungsaufwendungen, wenn bisher eine Steuererklärung noch nicht abgegeben wurde.

---

[170] vgl. Google Humankapital online (2007).
[171] § 169 Abs. 2 Nr.2 AO.

Literaturverzeichnis

Monographien:

Birk/Desens/Tappe (2015): Birk, Dieter/Desens, Marc/Tappe, Henning: Steuerrecht, Heidelberg: Müller, 2015

Grobshäuser/Knies/Schmidt (2015): Grobshäuser, Uwe/ Knies, Jörg/Schmidt, Stephan: Einkommensteuer, Weil im Schönbuch: HDS-Verlag, 2015

Hemmer/Wüst/Hölzle (2014): Hemmer, Karl-Edmund/Wüst, Achim/Hölzle: Einkommensteuerrecht, Würzburg: Hemmer/Wüst, 2014

Holthaus (2011): Holthaus, Tim: Die Berücksichtigung von Bildungskosten im Einkommensteuerrecht, Münster: LIT, 2011

Johenning (2009): Johenning, Alexandra: Bildungsaufwendungen im Einkommensteuerrecht, Hamburg: Verlag Dr. Kovac, 2009

Pfab (2008): Pfab, Alexander: Die Behandlung von Bildungsaufwendungen im deutschen Einkommensteuerrecht, Passau: Peter Lang, 2008

Rick/Gierschmann/Gunsenheimer/Schneider/Kremer (2015): Rick, Eberhard/Gierschmann, Thomas/Gunsenheimer, Gerhard/Schneider, Josef/Kremer, Thomas: Einkommensteuer, Herne: NWB, 2015

Tipke/Lang (2015): Tipke, Klaus/Lang, Joachim: Steuerrecht, Köln: Schmidt, 2015

Weber-Grellet/begr. Schmidt (2014): Weber-Grellet, Heinrich/Schmidt, Ludwig: Einkommensteuergesetz Kommentar, München: Beck, 2014

Weber-Grellet/begr. Schmidt (2015): Weber-Grellet, Heinrich/Schmidt, Ludwig: Einkommensteuergesetz Kommentar, München: Beck, 2015

Zajons (2013): Zajons, Carmen: Bildungsaufwendungen im deutschen Einkommensteuerrecht, Hamburg: Diplomica, 2013

Artikel:

Haag (8/2014): Haag, Benjamin: Werbungskosten – Teil I, in: Steuer + Studium, 2014, Nr. 8 (2014), S.467-472

Haag (9/2014): Haag, Benjamin: Werbungskosten – Teil II, in: Steuer + Studium, 2014, Nr. 9 (2014), S.519 - 523

Haag (1/2015): Haag, Benjamin: Sonderausgaben, in: Steuer + Studium, 2015, Nr. 1 (2015), S. 24-33

Herrler (1/2014): Herrler, Hans: Studiumskosten im Einkommensteuerrecht, in: Steuer + Studium, 2014, Nr. 1 (2014), S. 21 - 29

Kreft (10/2014): Kreft, Volker: Berufsausbildung Privatsache?, in: Steuer + Studium, 2014, Nr. 10 (2014), S.599 – 609

Kreft (10/2014): Kreft, Volker: Systematik der Abzugsfähigkeit von Bildungsaufwendungen, in: Steuer + Studium, 2014, Nr. 10 (2014), S.571

Kreft (12/2014): Kreft, Volker: Abzugsfähigkeit der Erstausbildungskosten – eine (un)endliche Geschichte?, in: Steuer + Studium, 2014, Nr. 12 (2014), S.693

Kreft (2/2015): Kreft, Volker: Begriff der erstmaligen Berufsausbildung ab VZ 2015, in: Steuer + Studium, 2015, Nr. 2 (2015), S.67

Kreft (2/2015): Kreft, Volker: Definition der erstmaligen Berufsausbildung, in: Steuer + Studium, 2015, Nr. 2 (2015), S.76-77

Internetquellen:

Destatis Bildungsausgaben online (2015): https://www.destatis.de/DE/
Publikationen/Thematisch/BildungForschungKultur/BildungKulturFinanzen/
BildungsausgabenPDF_5217108.pdf?__blob=publicationFile , S.7, Zugriff am
01.03.2016

Destatis Studierende online (o.J.): https://www.destatis.de/DE/
ZahlenFakten/Indikatoren/LangeReihen/Bildung/lrbil01.html, Zugriff am 01.03.2016

Google Humankapital online (2007): http://www.google.de/
url?sa=t&rct=j&q=&esrc=s&source=web&cd=2&ved=0ahUKEwi8kbuvqZjLAhUMMJo
KHQdXADoQFggkMAE&url=http%3A%2F%2Fwww.iwkoeln.de%2F_storage%2Fass
et%2F63603%2Fstorage%2Fmaster%2Ffile%2F523987%2Fdownload%2Ftrends03_
07_3.pdf&usg=AFQjCNGN2oMVFaSW6bz1EwROvK5-u6GsTQ, Zugriff am
01.03.2016

Haufe Änderung Zollkodexanpg. online (o.J.): http://www.haufe.de/steuern/
gesetzgebung-politik/wichtige-aenderungen-im-jstg-2015-bzw-zollkodexanpg/
einkommensteuergesetz-jstg-2015_168_271808.html, Zugriff am 01.03.2016

Haufe doppelte Haushaltsführung online (o.J.): http://www.haufe.de/thema/
doppelte-haushaltsfuehrung/, Zugriff am 01.03.2016

Haufe Einkommensteuerrecht online (o.J.): https://www.haufe.de/steuern/
steuer-office-premium/littmannbitzpust-das-einkommensteuerrecht-estg-12-b-12-nr5-
estg-af-uverfassungsrecht_idesk_PI11940_HI8992325.html, Zugriff am 01.03.2016

Haufe Reisekosten online (o.J.): http://www.haufe.de/personal/
personal-office-premium/reisekostenerstattung-durch-den-arbeitgeber-438-
gesetzliche-3-monatsfrist_idesk_PI10413_HI5501168.html, Zugriff am 01.03.2016

Haufe Steuererstattung online (o.J.): https://www.haufe.de/steuern/
kanzlei-co/zinsen-auf-steuererstattung-ein-aktueller-ueberblick/
zinsen-auf-steuererstattung-so-geht-es-jetzt-weiter_170_234388.html, Zugriff am
01.03.2016

Juris Rechtsprechung BFH online (2014): http://juris.bundesfinanzhof.de/
cgibin/rechtsprechung/document.py?Gericht=bfh&Art=pm&Datum=2014&nr=30693&
pos=0&anz=73, Zugriff am 01.03.2016

Lohnsteuer Auswärtstätigkeit online (o.J.): https://www.lohnsteuer-kompakt.de/
texte/2015/131/reise-_auswaertstaetigkeit, Zugriff am 01.03.2016

Lohnsteuer Bewerbungskosten online (o.J.):
https://www.lohnsteuer-kompakt.de/texte/2015/125/bewerbungskosten,
Zugriff am 01.03.2016

Lohnsteuer doppelte Haushaltsführung online (o.J.):
https://www.lohnsteuer-kompakt.de/texte/2015/127/doppelte_haushaltsfuehrung,
Zugriff am 01.03.2016

Reisekostenabrechnung online (2014): http://www.reisekostenabrechnung.com/
verpflegungsmehraufwand-2015/, Zugriff am 01.03.2016

Steuernetz online (o.J.): http://www.steuernetz.de/aav_steuernetz/lexikon/
K-11670.xhtml?currentModule=home , Zugriff am 01.03.2016

Vlh Ausbildungskosten online (2016): https://www.vlh.de/arbeiten-pendeln/
ausbildung-studium/diese-ausbildungskosten-kannst-du-von-der-steuer-
absetzen.html, Zugriff am 01.03.2016

Vvp Finanzierung Studienkosten online (2012): http://www.vvp.de/pdf_files/
aktuelles/2012-03-meeh-bunse-luehn.pdf, Zugriff am 01.03.2016

Entscheidungen:

BFH v. 14.12.1990 - III R 92/88; BStBl. II 1991, S.305

BFH v. 04.12.2002 - VI R 120/01, BStBl. II 2003, S.403

BFH v. 17.12.2002 - VI R 137/01; BStBl. II 2003 S.407

BFH v. 04.11.2003 - VI R 96/01; BStBl. 2004 II S.891

BFH v. 15.03.2007 - VI R 14/4, BStBl. 2007 II S.814

BFH v. 18.06.2009 - VI R 14/07, BStBl. II 2010, S. 816

BFH v.12.05.2011 - VI R 37/10; BStBl. II 2013, S. 783

BFH v. 22.09.2011 - III R 38/08, BStBl. 2012 II S. 338

BFH v. 27.10.2011 - VI R 52/10; BStBl. 2012 II S. 825

BFH v. 28.07.2011 - VI R 5/10, BStBl. II 2012, S.553; VI R 7/10, BStBl. II 2012,S.557; VI R 38/10, BStBl. II 2012, S.561; VI R 59/09

BFH v. 19.04.2012 - III R 29/11; BStBl. II 2012, S. 862

BFH v. 06.11.2012 - VIII R 49/10; BStBl. II 2013, S.309

BFH v. 16.01.2013 - VI R 14/12, BStBl. 2013 II, S. 449

BFH v. 28.02.2013 - VI R 6/12; BStBl. II 2015, S. 180

BFH v. 05.11.2013 - VIII R 22/12, BStBl. II 2014, S.165

BFH v. 17.07.2014 - VI R 8/12, VI R 2/12

BFH v. 13.01.2015 - IX R 22/14, BStBl. II 2015, S.829

BFH v. 17.07.2015 - VI R 61/11, VI R 38/12, VI R 2/13, VI R 72/13

BVerfG v. 28.02.2008 - 1 BvR 2137/06

BVerfG v. 09.12.2008 - 2 BvL 1/07, 2 BvL 2/07, 2 BvL 1/08, 2 BvL 2/08

BVerfG v. 06.07.2010 - 2 BvL 13/09, BStBl II 2011, S.318

BVerfG v. 17.12.2013 - 1 BvL 5/08

BVerfG - 2 BvL 22/14, 25/14, 26/14, 27/14

FG Köln v. 07.07.2004 - 7 K 932/03

FG Köln v. 19.05.2011 - 10 K 4126/09

FG Köln v.15.05.2013 - 4 K 1384/10

Niedersächsisches FG v. 24.04.2012 - 8 K 254/11

RFH v. 24.06.1937 - VI A 20/36, RStBl. 1937 S.1089

Verwaltungsanweisungen:

BMF v. 04.11.2005, BStBl. I 2005, S. 955

BMF v. 21.06.2007, BStBl. I 2007, S. 492

BMF v. 22.09.2010, BStBl. I 2010, S. 721

BMF v. 02.03.2011, BStBl. I 2011, S. 195

BMF v. 14.03.2012, BStBl. I 2012, S. 307

BMF v. 30.09.2013, BStBl. I 2013, S. 1279

BMF v. 31.10.2013, BStBl I 2013, S. 1376

BMF v. 20.02.2015, BStBl. I 2012, S.174

Rechtsquellen:

BT-Drucks. 15/3339 v. 16.06.2004

BT-Drucks. 17/7259 v. 29.09.2011

Abgabenordnung (AO), in der Fassung vom 01.10.2002 (BGBl. I, S. 3869), zuletzt geändert am 22.12.2014 (BGBl. I, S. 2417)

Einkommensteuergesetz (EStG), in der Fassung vom 08.10.2009 (BGBl. I, S. 3366), zuletzt geändert am 21.03.2013 (BGBl. I, S. 556)

Einkommensteuergesetz (EStG), in der Fassung vom 08.10.2009 (BGBl. I, S. 3366), zuletzt geändert am 22.12.2014 (BGBl. I, S. 2417)

Grundgesetz (GG), in der Fassung vom 23.05.1949 (BGBl. I, S. 1), zuletzt geändert am 23.12.2014 (BGBl. I, S. 2438)

Hochschulrahmengesetz (HRG), in der Fassung vom 26.01.1979 (BGBl. I, S. 185), zuletzt geändert am 12.04.2007 (BGBl. I, S. 506)

Beitreibungsrichtlinie-Umsetzungsgesetz (BeitRLUmsG), in der Fassung vom 07.12.2011 (BGBl. I, S.2592)

Abbildungsverzeichnis

Abkürzungsverzeichnis

Abs.	Absatz
a. F.	alte Fassung
Afa	Absetzung für Abnutzung
AfaA	Absetzung für außergewöhnliche Abnutzung
AO	Abgabenordnung
Art.	Artikel
BAföG	Bundesausbilungsförderungsgesetz
BFH	Bundesfinanzhof
BGBl.	Bundesgesetzblatt
BMF	Bundesministerium der Finanzen
BStBl.	Bundessteuerblatt
BT	Bundestag
BT- Drucks.	Bundestag Drucksache
BVerfG	Bundesverfassungsgericht
BvL	Normenkontrolle auf Vorlage der Gerichte
BvR	Verfassungsbeschwerden
EStG	Einkommensteuergesetz
EWR	Europäischer Wirtschaftsraum
FAZ	Frankfurter Allgemeine Zeitung
FG	Finanzgericht
gem.	gemäß
GG	Grundgesetz

HRG	Hochschulrahmengesetz
i. S. d.	im Sinne des
o.J.	ohne Jahreszahl
RFH	Reichsfinanzhof
Rn.	Randnummer
RStBl.	Reichssteuerblatt
Tz.	Textziffer
VZ	Veranlagungszeitraum